portrait
food
lanscape
reflection
nightscape
product

한 권으로
끝 내는
스 마트폰
사 진강의

2판

구도와 사진촬영, 보정법

한권으로
끝내는
스마트폰
사 진강의

구도와 사진촬영, 보정법

2 판 2쇄 발행 | 2023년 7월 30일

지 은 이 | 채수창
발 행 인 | 김병성
발 행 처 | 앤써북
편 집 진 행 | 조주연
주   소 | 경기 파주시 탄현면 548
전   화 | (070)8877-4177
팩   스 | (031)942-9852
등   록 | 제382-2012-0007호
도 서 문 의 | answerbook.co.kr

I S B N | 979-11-979489-3-0 13000

안내 드립니다!

- 이 책에 내용을 기반으로 실습 및 운용 결과에 대해 저자, 소프트웨어 개발자 및 제공자, 앤써북 출판사, 서비스 제공자는 일체의 책임 지지 않음을 안내드립니다.
- 이 책에 소개된 회사명, 제품명은 각 회사의 등록 상표 또는 상표이며 본문 중 TM, ⓒ, ® 마크 등을 생략하였습니다.
- 이 책은 소프트웨어, 플랫폼, 서비스 등은 집필 당시 최신 버전으로 설명하였습니다. 단, 독자의 학습 시점에 따라 책의 내용과 일부 다를 수 있습니다.

Prologue

머리말

대학교 신입생 시절 제 돈으로 처음 마련한 카메라는 니콘 수동카메라 FM2였습니다. FM2 바디 하나와 50mm 표준렌즈로 시작된 취미는 날이 갈수록 장비가 늘었습니다. 표준 줌렌즈로 시작했는데 망원렌즈에도 눈이 가고, 사진이 잘 나온다는 단 렌즈도 욕심이 났습니다. 하나하나 장만하다 보니 장비에 들어간 돈만 해도 천만 원이 훌쩍 넘었습니다. 이렇게 시작된 사진이 삶의 바탕이 된지 20여년이 지났지만 장비 욕심은 여전합니다. 새로운 장비가 나오면 손이 근질거리는 것은 어쩔 수 없나 봅니다.

그런데 요즘에는 이런 사진 장비에 대한 욕심이 거의 사라졌습니다. 바로 스마트폰 덕분입니다. 전에는 사진 촬영을 하러 간다하면 장비가 들어있는 가방만 두 개입니다. 장 노출이나 일출에 필요한 삼각대까지 챙기면 거의 히말라야 등반 장비수준 무게였습니다. 요즘에는 이런 모습이 달라졌습니다. 먼저 가방에 DSLR 바디와 표준 줌렌즈, 망원렌즈, 그리고 미러리스 카메라를 챙깁니다. 그리고 스마트폰과 아이패드를 챙깁니다.

장비를 다 챙겨 갔지만 막상 촬영을 할 때보면 DSLR이 20%, 스마트폰이 80%입니다. 일 때문에 하는 촬영이 아니면 거의 동일한 비율입니다. 스마트폰 카메라 성능이 몇 년간 급격하게 좋아져서 스마트폰 카메라로 촬영한 사진만으로도 충분하기 때문입니다. 게다가 촬영한 사진을 바로바로 보정을 해서 SNS에 올리는 편리함도 갖췄습니다.

비싼 돈을 들여서 장만한 DSLR과 미러리스는 또 다른 비싼 프로그램과 기술을 필요로 합니다. 비싼 돈을 들여서 장만한 DSLR과 미러리스로 촬영한 인물 사진은 말 그대로 '비싸게 주고 못 생기게 찍는 카메라'가 되어 버렸습니다. 프로그램에서 따로 보정하지 않고서는 모델인 사람에게 주기 미안할 정도입니다. 너무 좋은 성능이 오히려 독이 되어 버렸습니다.

스마트폰 카메라는 여러 가지를 다 보완하고도 남는 좋은 카메라입니다. 무겁게 들고 다닐 필요도 없고, 어디서든 쉽게 꺼내서 촬영할 수 있습니다. 카메라 성능도 웬만한 보급형 DSLR을 능가합니다. 가장 장점인 촬영 후 바로 보정하는 것도 빼놓을 수 없습니다. 그리고 더 이상 비싼 카메라 장비에 투자하지 않아도 됩니다. 이미 스마트폰 카메라로 촬영하는 일이 일상이 되었습니다.

촬영 현장에서, 사진 강좌에서 스마트폰 카메라에 대해 많은 문의를 하십니다. 어떻게 하면 스마트폰으로 사진을 잘 찍을 수 있는가 하는 것입니다. 스마트폰 사진 구도는 무엇인지 문의 하십니다. 스마트폰으로 어떻게 보정해야 원하는 사진이 될지 궁금해 합니다. 그래서 이 책을 쓰게 되었습니다.

이 책은 다음과 같은 분들을 생각하고 쓰기 시작했습니다.

첫째, 스마트폰 사진 촬영에 관심이 많은 초보자 분들과 사진 촬영에 관심이 많은 초보자 분들.
둘째, 빠른 시간 안에 스마트폰으로 사진을 잘 찍고 싶어 고민하는 분들.
셋째, 어느 정도 사진 지식을 가진 초보자 및 중급자 분들.
넷째, 사진 구도라 하는 사진 디자인과 사진 보정에 관심이 많은 분들이 대상입니다.

위와 같은 분들을 대상으로 다음과 같은 기준으로 책을 썼습니다.

첫째, 기본 사진 이론에 충실하면서도 쉽고 알아 듣기 편한 단어와 문장으로 설명했습니다.
둘째, 단순한 테크닉 위주의 교육이나 어려운 사진 미학을 이야기 하지 않았습니다.
셋째, 스마트폰 카메라가 주가 되지만 필름카메라나 디지털카메라에도 적용 가능합니다.
넷째, 어느 정도 사진 지식이 있는 초보자 분들이나 중급자 분들이 읽어도 도움이 되는 사진 디자인(사진 구
     도)과 사진 이론을 포함하고 있습니다.

이 책은 여섯 개의 파트로 구성되어 있습니다.

파트 1에서는 스마트폰 카메라 촬영을 시작할 때 알아야 할 것들로, 사진을 잘 찍는 원칙과 스마트폰 기본 세
팅 법, 스마트폰에 적용한 기초 사진이론, 스마트폰 카메라 렌즈의 특성 등을 담았습니다.

파트 2에서는 스마트폰 카메라로 좋은 사진을 촬영하기 위한 방법으로, 스마트폰에서 노출과 초점 조절, 피사
계 심도 및 화이트밸런스 , HDR 모드에 대해서 알아보고, 앵글이 무엇인지 그 중요성에 대해서 썼습니다.

파트 3에서는 사진 구도라고 알려져 있는 사진 디자인에 대해서 알아보는 장입니다. 구도의 의미와 종류, 사
진에서 디자인 요소의 활용 및 색에 대한 이해 등을 담았습니다.

파트 4에서는 인물 사진을 잘 찍는 방법에 대해서 알아보는 장으로, 인물 사진에서 중요한 점과 빛에 대해서
알아보고, 더 좋은 인물 사진을 촬영하기 위해 주의해야 할 여러 사항들에 대해서 이야기합니다.

파트 5에서는 스마트폰 카메라로 촬영할 수 있는 다양한 사진으로, 음식 사진, 풍경 사진, 멋진 바다 사진, 반
영 사진, 야경 사진, 흑백 사진, 제품 사진 등에 대해서 촬영법을 알아봤습니다.

파트 6에서는 사진 편집과 보정하는 법을 담았습니다. 그리고 팁으로 촬영한 사진을 판매해서 금전적인 이득
을 얻을 수 있는 방법도 첨부했습니다.

사람들은 말하기를 사진이 어렵다고 합니다. 하지만 사진은 어렵지 않습니다. 사진은 놀이이자 취미입니다.
멋진 사진을 찍으러 굳이 멀리 가지 않아도 생활 속에서 충분히 멋진 사진을 얻을 수 있습니다. 여기 수록된 사
진들도 가까운 내 주변에서 촬영한 사진들로 예를 들었습니다. 사진은, 즐기면서 언제든지 부담 없이 촬영할 수
있어야 합니다. 이젠 누구나 멋진 스마트폰 사진을 촬영할 수 있습니다.

수준 높은 사진 촬영과 사진 구도, 보정법은 더 이상 전문가들의 고유 영역이 아닙니다.
지금 당신의 스마트 폰을 들고 시작해 보세요!!

채수창

A meeting with the author

저자와의 만남

책을 보면서 궁금한 내용은 저자가 운영하는 공식 블로그의 댓글, 카카오톡 1:1 오픈채팅방을 통해서 문의하고 답변 받을 수 있습니다. 또한 저자의 스마트폰 사진 강좌 등 다양한 정보를 공유할 수 있습니다.

- 감노른가을의 블로그 https://blog.naver.com/cch60

▲ 바로가기 QR 코드

- 감노른가을의 오픈채팅방 https://open.kakao.com/o/sylKpN5c

▲ 바로가기 QR 코드

Gallery

갤러리

이 책의 실습에 사용된 전체 사진 중 일부 컷을 미리보기 형식으로 표현한 갤러리 페이지입니다.

Gallery

갤러리

Contents
목차

Contents

목차

Contents

목차

PART 05 — 음식, 풍경, 야경, 반영, 제품 사진 촬영하기

PART 06

사진 편집 보정하기

파트 1에서는 스마트폰 카메라 촬영을 시작할 때 알아야 할 것들로, 사진을 잘 찍는 원칙과 스마트폰 기본 세팅 법, 스마트폰에 적용한 기초 사진이론, 스마트폰 카메라 렌즈의 특성 등을 담았습니다.

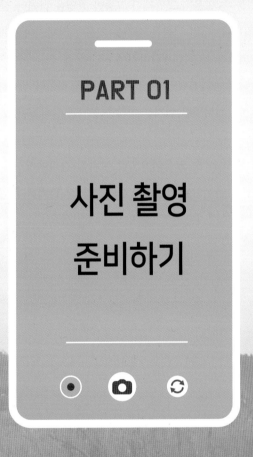

PART 01

사진 촬영
준비하기

[01

사진을 잘 찍는 10가지 원칙: 어떻게 해야 사진을 잘 찍을 수 있을까?

"어떻게 해야 사진을 잘 찍을 수 있을까요?" 제가 그동안 촬영을 하거나 전시회에서, 또는 사진 강좌에서 가장 많이 들었던 질문입니다. 이런 질문은 사진을 처음 시작하거나 이제 사진을 한 단계 올리려는 초보자 분들이 많이 합니다. 초보자 분들은 생각하기에 사진을 잘 찍는 어떤 방법이 있다고 생각합니다. 그 방법만 잘 배우게 되면 나도 전문가처럼 멋지게 사진을 찍을 것이라 생각합니다. 또한 찾아보면 좋은 사진을 찍는 방법은 넘쳐 납니다. 인터넷만 뒤져도 수많은 방법과 강좌들이 있습니다.

그럼 어떻게 해야 사진을 잘 찍을 수 있을까요? 많은 사진 강좌에서 가르치고 있는 조리개가 무엇인지 알면 사진을 잘 찍을 수 있을까요? 셔터속도가 무엇인지 완벽하게 알고 있으면 잘 찍을 수 있을까요? 좋은 카메라와 비싼 렌즈가 좋은 사진을 만드는 것일까요?

카메라는 복잡하고 복잡해져서 완전하게 이해하는데 많은 시간이 걸립니다. 들어도 생소한 촬영 기법과 구도는 너무 복잡합니다. 빛을 이해하고 사용하라는데 머리가 아픕니다. 좋은 사진을 만드는 것은 많은 요소들이 관련되어 있습니다. 장비 사용법, 올바른 설정 방법, 효과적인 구도 등 기억할 것이 너무 많습니다. 이러면 재미삼아 취미삼아 하려던 사진 촬영이 너무 복잡해집니다.

그럼 방법이 없을까요? 사진을 잘 찍는 방법에는 왕도가 없습니다. 왕도는 없지만 방법은 있습니다. 몇 가지만 주의하면 사진을 잘 찍을 수 있습니다. 사진은 어렵지 않습니다. 사진을 공부한다고 하면서 사진을 배우는 것이 아니라서 어렵습니다. 사진공부라고 하면서 카메라 사용법만 가르치니 어렵습니다. 사진을 가르치는 많은 사람들이 사진을 가르치는 것이 아니라 사진의 메커니즘만 가르치고 있어서 어려워 보입니다.

스마트폰으로 찍는 음식 사진 : 인천 체나콜로 이탈리아 요리 전문점

조리개가 무엇인지 셔터스피드를 얼마로 해야 하는지 잘 안다고 해서 사진을 잘 찍는 것은 아닙니다. 이론적으로 해박하다고 좋은 사진이 나오는 것이 아닙니다. 사진을 찍을 때 이러한 실수들을 피하고자 하는 것이 이 책의 목표입니다. 하루 사이에 전문가가 될 수는 없지만 더 좋은 사진을 찍을 수는 있습니다. 자 그럼, 사진을 잘 찍는 방법들에 대해서 간단히 살펴보겠습니다.

1 _ 스마트폰 사진을 잘 찍는 10가지 원칙

빛을 잘 살펴라

사진은 빛의 예술이라고 합니다. 물론 빛으로만 이루어진 것이 아니지만 사진에 있어서 빛이 가장 중요한 것은 사실입니다. 빛은 사진의 기본이고 본질이므로 빛의 속성에 대해 알아야 합니다. 스마트폰에는 매우 밝은 렌즈가 장착되어 있습니다. 하지만 빛이 부족한 어두운 곳에서는 이미지 품질이 저하됩니다. 좋은 사진을 찍으려면 좋은 빛을 찾아야 합니다. 빛의 방향이 어디에서 오는지 빛의 양은 얼마나 되는지 주의 깊게 살펴야 합니다. 각 빛에 따라 피사체(인물)의 느낌이 어떻게 달라지는지 비교해야 합니다.

사진을 찍을 때 빛을 먼저 봐야합니다. 태양은 어디에 있습니까? 빛의 종류는 무엇인가요? 유심히 살펴야 합니다. 빛과 함께 그림자도 봐야 합니다. 그림자가 있어야 사진의 입체감과 깊이가 있는 사진이 됩니다. 빛과 그림자의 대비와 조화를 통해 극적인 장면을 연출할 수 있습니다. 사진은 빛과 함께 그림자 덕분에 더욱 극적인 느낌을 주기 때문입니다.

스마트폰으로 찍는 풍경 사진 : 인천대공원

다양한 각도와 눈높이에서 피사체를 살펴라

사진을 촬영할 때 우리는 일반적으로 선 자세로 촬영을 합니다. 내가 바라보는 눈높이고 자주 접하던 시각이다 보니 무난하게 보일 수 있지만 단조로운 사진이 될 수 있습니다. 독특하거나 예상하지 못한 각도에서 사진을 찍으면 의외의 결과물이 나올 수 있습니다. 아주 낮은 자세로 촬영하거나 앉아서, 또는 높은 곳에 올라가서 내려다보면서 촬영해야 할 수도 있습니다. 그렇게 하면 지금까지 보지 못했던 새로운 부분들이 보이기 시작합니다.

내가 촬영하려는 피사체를 한 바퀴 돌아보기도 하고 멀리서 지켜보기도 해야 합니다. 때로는 카메라를 손에서 놓고 가슴으로 먼저 느껴야할 때도 있습니다. 사진은 셔터를 누를 때나 후보정을 할 때 완성되는 것이 아닙니다. 사진은 셔터를 누르기 전에 이미 마음속에서 화면의 구도와 구성, 프레임이 결정되는 것입니다. 찍기 전에 다양한 각도와 눈높이에서 피사체를 바라봐야합니다. 셔터를 누르는 것 보다 관찰이 먼저입니다.

기본적인 사진이론을 알아야 한다

어떤 것을 하든지 기본을 잘 알아야 전문가가 될 수 있다는 것은 모두 알고 있습니다. 수학도 기본을 알아야 더 어려운 문제나 응용문제도 쉽게 풀어낼 수 있습니다. 사진도 마찬가지입니다. 생소한 단어들이 많지만 한 번만 알아두면 모든 카메라에 동일하게 적용되는 것이라 기본적인 것들은 알아야 할 필요가 있습니다. 기본을 잘 갖추면 어떠한 상황에서도 침착하게 내가 원하는 사진을 촬영할 수 있습니다. 디지털 사진에서 가장 중요한 화이트밸런스가 무엇인지, 사진의 노출을 결정하는 '노출의 3요소'가 무엇인지 알아야 합니다. 카메라 렌즈는 각각 어떤 특성을 가지고 있는지 알아야 합니다.

한 가지 주제에 집중하고 주변의 사소한 것들을 살펴라

명작이라고 말을 하는 사진들을 보면 대부분 하나의 피사체를 주제로 삼습니다. 오랜 시간을 들여서 반복하고 반복해서 나타내려는 피사체 하나만을 촬영합니다. 촬영하는 사람이 말하고자 하는 것과 보여주고 싶은 피사체에 집중해야 합니다. 사진은 노동이나 일이 아닙니다. 내가 좋아서 하는 즐거운 일입니다. 그렇기 때문에 내가 좋아하는 한 가지 주제에 더욱 집중해서 촬영해야 합니다. 특별한 주제일 필요는 없습니다. 내 주변의 사소한 것들부터 내가 관심이 가는 것들을 주제로 정해서 집중하면 됩니다. 집중해서 촬영하다 보면 어느 순간 피사체가 내게 말을 걸어옵니다. 그 순간이 내 사진이 더욱 좋아지게 되는 시작점입니다.

전문가들의 사진을 잘 살펴 디자인적 감각을 익혀라

탄성이 나오는 멋진 사진을 봤을 때 우리는 다시 한 번 살펴봐야 합니다. 주제를 어디에 두었는지 주의 깊게 봐야 합니다. 주제를 살려주는 부제를 어디에 두었는지 무엇을 택했는지 보아야 합니다. 사진에서 빛과 디자인적 요소는 어떤지 잘 봐야 합니다. 이렇게 머릿속에서 정리하다 보면 내 사진도 달라집니다.

많은 스마트폰의 보급으로 이제는 사진을 취미나 직업으로 가지고 있는 사람들이 많습니다. 주변을 둘러만 봐도 감탄이 나오는 사진들이 넘쳐납니다. 세계적인 거장들의 사진들까지는 아니더라도 내 주변에서 관심을 끄는 사진들을 자세하게 살펴봐야 합니다. 관심이 가는 사진들을 보면서 '나는 이 장면에서 이렇게 찍었더라면 어땠을까?'하고 생각해 봅니다.

또한 주제가 배치된 공간이나 주제이외의 요소들은 어떻게 배치했는지 눈여겨 봐야합니다. 이렇게 다른 사람들의 사진을 많이 보고 연습하다 보면 나도 모르게 사진 실력이 늘어나게 됩니다. 처음에는 모방을 하다가 궁극적으로는 나만의 것으로 재창조하는 것입니다.

사진 디자인 공부도 필요하다

구도로 대변되는 사진 디자인은 생소합니다. 미술의 디자인 요소들을 가져왔지만 사진 디자인은 미술과 다릅니다. 사진은 사진만의 디자인적 특성이 존재합니다. 깊이 배우지는 않더라도 디자인 공부는 꼭 필요합니다. 사진의 장비를 배우는 메커니즘적인 요소는 쉽게 배울 수 있습니다. 궁극에는 남과 다른 내 사진을 만드는 것이 디자인입니다. 작품을 대했을 때 감탄만하고 넘어갈 사진인지 돌아서서 기억에 계속 남을 사진인지는 디자인이 결정합니다.

예를 들어, 모든 피사체에는 보는 사람의 시선을 이끄는 선이 있습니다. 영어로는 'Leading Line' 이라고 하는데, '유도선' 정도로 생각하면 됩니다. 나무 우거진 숲을 가로지르는 길, 빙 돌아 올라가는 계단, 기차가 달려오는 철길, 건물과 건물 사이를 가로지르는 직선 등 다양한 선들이 주변에 널려 있습니다. 이렇게 사람의 시선을 이끄는 유도선은 사진의 깊이감을 더해줍니다. 유도선을 프레임 밖에서부터 잘 활용하면 주제로 시선을 이끌어 갈 수 있습니다. 이러한 선들은 디자인적으로 뛰어난 사진을 만들 수 있습니다.

사진은 뺄셈의 미학이다

미술은 빈 프레임에 채워 넣는 덧셈의 예술이라면 사진은 이미 존재하는 것들을 프레임에서 지워 나가는 뺄셈의 미학입니다. 프레임 안에 너무 많은 것들이 있으면 시선은 분산되고 주제가 명확하지

않게 됩니다. 선택해야 합니다. 내가 말하고자 하는 것을 강조하기 위해 주제 주변 요소들을 빼나가야 합니다. 필요한 것만 넣으려 노력하십시요. 프레임 안에 구성 요소가 적으면 적을수록 사진이 의미하는 바는 커집니다. 그럴수록 여백의 미도 살아납니다.

사진의 여백은 주제의 본질만을 표현하면서도 여백을 통해서 나타내는 것이 많습니다. 여백은 보는 사람으로 하여금 무한한 상상력을 가지게 할 수 있습니다. 여백을 통해서 2차원의 사진에 3차원적인 입체감과 원근감을 만들어줍니다. 또한 정신적인 자유와 편안함을 나타내며, 우리가 동양화에서 느끼는 수묵화와 같은 안정감과 멋을 느낄 수 있습니다. 여백은 나타내려는 주제를 제외하고 생각할 시간을 줍니다. 화면 가득 피사체가 있는 사진은 사람의 시선을 방황하게 만드는 요인입니다. 감성을 자극하고 여운을 남기거나, 보는 사람으로 하여금 생각을 정리하게 만드는 것이 여백의 힘입니다.

많이 찍어봐야 한다

우리가 공부를 잘 하려면 매일 꾸준하게 하는 것이 중요합니다. 사진도 마찬가지입니다. 사진을 잘 찍으려면 매일 많이 찍어봐야 합니다. 사진을 많이 찍다보면 장비도 손에 익숙해지고 어떻게 해야 사진이 더 잘 나오는지 몸이 먼저 깨닫게 됩니다. 돈이 아니라 시간을 투자해야 합니다. 항상 스마트폰 카메라를 열 준비를 하고 많이 찍어야 합니다.

사진은 종합예술이다

사진의 시작은 미술에서 출발했지만 지금은 하나의 예술로서 자리 잡았습니다. 하지만 사진의 복사성과 우연성 등을 이유로 사진의 예술적 가치를 낮추어봅니다. 이러한 것들을 극복하고 창의적인 사진을 만들기 위해서 우리는 여러 노력을 해야 합니다. 미술작품 감상, 전시회 관람, 음악 감상, 영화 감상 등등 다방면에 걸쳐 간접경험을 해야 합니다. 이러한 간접경험들이 쌓여 내 사진의 깊이를 더해줍니다.

사진을 찍는 것은 일종의 놀이이다

사진을 찍는 것은 일이 아니라 놀이입니다. 끊임없이 소셜 미디어에 사진을 올려야 한다는 강박관념은 나를 힘들게 합니다. 좋은 사진을 찍어야 한다는 압박감이 창의성을 멀어지게 합니다. 간혹 사진을 찍어야 한다는 압박에서 벗어나 공간을 즐기고 편한 시간을 보내는 것도 필요합니다. 사진은 즐거워야 합니다. 그렇지 않으면 무엇인가 잘못된 것입니다. 사진을 놀이로 받아들이고 편한 마음을 가지면 사진의 생동감이 살아납니다. 내 사진이 내게 말을 걸어옵니다.

지금 이 순간도 수많은 사람들이 전 세계 구석구석에서 다양한 카메라를 들고 사진을 찍고 있습니다. 촬영 명소라고 하는 많은 곳에서 그 전 사람, 그 전전 사람들이 찍었던 장면 그대로 찍고 있습니다. 이 순간에 바로 이런 생각이 듭니다. 나는 어떻게 찍어야 다른 사람과 차별을 둘 수 있을까? 어떻게 해야 나만의 사진을 만들 수 있을까? 나는 어떤 사진을 남들에게 보여주고 싶은가?

내가 이 사진을 찍기 위해서 새벽에 산을 얼마나 힘들게 올라갔는지, 손이 어는 바다에서 얼마나 오랫동안 기다렸는지 구구절절이 설명을 해야 할까요? 과정이 너무 힘들어서 애정이 가는 사진이라고 해도 다른 사람도 그걸 느낄까요? 사람들은 관심이 없습니다. 결과물을 놓고서 사진이 좋은지 나쁜지를 판단할 뿐입니다.

사진을 잘 찍으려면 처음에는 다른 사람의 창작물을 모방하는 단계부터 시작합니다. 하지만 모방의 단계에서 멈추게 되면 내 사진은 개성이 없는 사진이 됩니다. 내 사진이 남들과 다른 사진이게 하고 싶다면 많이 생각하고 내 의지가 들어있는 사진을 찍어야 합니다. 남들과 같은 피사체는 과감히 버리고 독특한 다른 것을 찾아야 합니다. 모방을 하더라도 나만의 각도를 찾아봐야 합니다. 어떤 상황에서도 프레임과 구도 및 빛에 대해 생각해야 합니다. 주변 상황에 귀를 기울이고 언제든 촬영할 준비를 해야 합니다.

그럼 이제부터 어떻게 하면 사진을 잘 찍을 수 있을지 위의 내용들을 구체적으로 배워 보겠습니다. 각각의 장들에서 사진기술을 향상 시키는 방법을 보여줍니다. 초점 및 노출에서 화이트밸런스, 구도와 조명까지 기본적인 사진기술을 알려 드립니다. 더 나아가 올바른 습관으로 더 좋은 사진을 얻을 수 있도록 집중합니다. 이제부터 사진을 잘 찍기 위한 필수 요소들부터 시작하겠습니다. 편하게 따라하다 보면 어느새 스마트폰 사진뿐만이 아닌 사진 전문가가 되어 있는 내 자신을 보게 될 것입니다.

"멋진 사진을 찍을 준비 되셨나요?"

02

스마트폰 VS 카메라 비교: 스마트폰 VS 미러리스 카메라 VS DSLR 카메라

1 _ 스마트폰 카메라가 전문 카메라보다 좋다?

결론부터 말하자면 아직은 아닙니다. 스마트폰 기술은 지난 10년 동안 많이 발전했습니다. 스마트폰의 카메라 성능은 빠르게 좋아지고 있습니다. 스마트폰 카메라의 사진 품질이 전문가용 카메라를 위협하고 있습니다. 점점 더 많은 사람들이 무거운 카메라를 버리고 스마트폰으로 촬영을 합니다. 많은 사람들이 스마트폰이 전문가용 카메라를 대체할 것이라고 말합니다. 하지만 전문적인 사진 촬영은 아직 스마트폰이 승자가 아닙니다. 앞으로 스마트폰이 더 좋아지겠지만 몇 가지 이유로 DSLR이 승자입니다.

첫째, 사진의 품질을 결정짓는 이미지 센서의 크기가 다르다

카메라가 만드는 사진 화질에 영향을 주는 것은 이미지 센서의 크기입니다. 빛이 렌즈를 통해 이미지 센서로 전달되면 이 신호를 받아 사진을 만들어냅니다. 이미지 센서의 크기는 빛을 받아들이는 부분이므로 크기가 클수록 더 좋은 사진을 만들 수 있습니다. 스마트폰의 이미지 센서가 많이 커졌지만 더 크게 만드는 것에는 한계가 있습니다.

스마트폰 회사가 높은 화소수로 카메라 성능을 광고합니다. 이미지 센서 크기는 그대로이면서 화소 수만 많아지면 화소 크기가 작아집니다. 화소는 컴퓨터로 사진이나 그림을 볼 때 기본이 되는 단위(1화소=1픽셀)로 해상도에 영향을 줍니다. 하지만 높은 화소수가 좋은 화질의 사진을 의미하지는 않습니다. 화소 크기가 작아지면 빛을 받아들이는 면적이 작아져서 화질이 좋아지지 않습니다. 스마트폰의 작은 이미지 센서에서 오는 표현력의 한계입니다.

강화도 DSLR 촬영 강화도 스마트폰 촬영

둘째, 스마트폰은 터치만 해도 좋은 사진이 나온다?

평균적인 사진이 나올 뿐 좋은 사진이 만들어 지는 것은 아닙니다. 원하는 사진, 좋은 사진을 만들려고 하면 카메라를 수동으로 조작해야 합니다. 그동안은 스마트폰이 수동으로 카메라를 조절하는데 한계가 있었습니다. 하지만 이제는 스마트폰에서도 카메라 설정을 충분히 조절할 수 있습니다. 갤럭시의 프로모드를 사용하거나 아이폰은 라이트룸 모바일 어플을 사용하면 수동으로 조절이 가능합니다. 수동으로 제어하는 부분은 스마트폰의 발전으로 앞으로 더욱 간격이 좁아질 것입니다.

셋째, 줌 방식이 완전 다르다

미러리스 카메라나 DSLR은 스마트폰에 비해 고감도, 저노이즈의 이미지를 촬영할 수 있습니다. 또한 다양한 렌즈를 교환해서 초광각부터 초망원까지 촬영할 수 있습니다. 렌즈 교환의 유연성을 해결하려고 스마트폰이 렌즈를 3~4개씩 장착하고 있습니다. 하지만 미러리스 카메라나 DSLR이 렌즈의 성능에 따른 광학 줌 방식인데 반해 스마트폰은 디지털 줌 방식으로써 확대나 축소할 경우 사진이 뭉개져 보이거나 픽셀이 깨집니다. 단순히 화소수만을 비교해도 스마트폰의 사진 화질은 많은 차이가 있습니다.

2 _ 스마트폰과 미러리스 카메라, DSLR 카메라 비교

| 스마트폰(Galaxy) | 스마트폰(iPhone) | 미러리스 카메라 | DSLR 카메라 |

스마트폰과 더불어 미러리스 카메라와 필름카메라에서 발전한 DSLR이 사진을 촬영하는 카메라입니다. 사람들은 스마트폰이 사진의 미래를 바꿔놨다고 말합니다. 더 이상 전문가용 카메라는 필요하지 않다고 말합니다. 하지만 스마트폰 사진을 미러리스 카메라나 DSLR과 비교하는 것은 비용 면에서나 이미지 센서의 크기 면에서 불공평합니다. 스마트폰과 일반 2개의 카메라 모두 장단점이 있습니다. 장단점을 간단히 비교해보고 결론은 왜 스마트폰인지 알아보겠습니다.

긴 설명보다 간단하게 표로 만들어 비교해 보겠습니다.

종류	스마트폰	미러리스 카메라	DSRL 카메라
장점	❶ 빨리 촬영하고 편집 및 공유할 수 있다. ❷ 항상 휴대할 수 있다. ❸ 비용이 저렴하다. ❹ 작고 가볍다.	❶ 새로운 기술 및 선명한 초점의 사진 ❷ 부피가 작은 대형 이미지센서 ❸ 고화소, 고감도, 저노이즈의 이미지를 얻는다. ❹ 다양한 렌즈 교환 ❺ 이미지 왜곡이 적다.	❶ 기술과 서비스 제공의 무한성 ❷ 내구성이 강하다. ❸ 초고성능 ❹ 고화소,고감도,저노이즈의 이미지를 얻는다. ❺ 다양한 렌즈 교환 ❻ 이미지 왜곡이 적다.
단점	❶ 저조도에서 촬영이 어렵다. ❷ 확대 및 축소시 화질 저하가 생긴다.	❶ 촬영 후 사진을 사용하려면 컴퓨터로 옮기고 전문 프로그램을 사용해야 한다. ❷ 기본적인 장비 구입비용이 비싸다.	

스마트폰 VS 미러리스 VS DSLR 카메라 비교

위의 표에서 보시는 것처럼 스마트폰은 미러리스 카메라나 DSLR에 비해 장점을 가지고 있습니다. 하지만 빛이 부족한 야간 촬영이나 조명이 부족한 경우에는 큰 차이가 있습니다. 스마트폰에서 확대하거나 축소해서 사진을 찍게 되면 그 차이는 눈에 띄게 나타납니다. 작은 스마트폰으로 전문가 수준의 고품질 사진을 얻는 일이 힘들다는 것은 말할 필요도 없습니다.

3 _ 그럼에도 불구하고 왜 스마트폰 카메라인가?

그럼에도 불구하고 많은 사람들이 카메라를 버리고 스마트폰으로 사진을 촬영합니다. 사람들이 많이 모이는 곳에 보이던 그 많던 카메라들은 이제 볼 수 없습니다. 사진을 전문 취미로 하거나 직업이 아니면 전문 카메라는 볼 수 없습니다. 우리는 앞에서 봤던 장·단점과 더불어 왜 스마트폰 카메라가 전문 카메라를 대신하고 있는지, 왜 스마트폰이 사진 촬영에 인기가 있는지 알아보겠습니다. 가까운 미래에 스마트폰이 전문가용 카메라를 대신할 수 있는지 살펴보겠습니다.

첫째, 스마트폰은 거의 모든 사람들이 가지고 있으며 작고 휴대하기가 편리하다

무거운 카메라 장비와 크기는 항상 사진에 접근하는 것을 막아 왔습니다. 전문가용 카메라에 렌즈를 장착하면 그 무게는 평균 3~5kg에 이릅니다. 렌즈 크기에 따라서 더 많은 빛이 이미지 센서에 들어가게 되어 좋은 결과물이 나옵니다. 하지만 전문가가 아닌 사람들에게 이 무게는 부담입니다. 스마트폰은 이러한 제약을 모두 벗어나게 합니다. 모든 사람들이 가지고 있으며 작아서 언제나 휴대하기 편합니다. 촬영이 필요한 순간 어느 때나 쉽게 꺼내 촬영할 수 있습니다. 더 이상 어깨에 카메라를 무겁게 걸고 다닐 필요도 없습니다. 사진을 크게 인화하는 것이 아니라면 스마트폰 사진은 우수한 결과물을 만들어 냅니다.

둘째, 스마트폰 카메라는 촬영 즉시 수정하고 편집해서 바로 SNS 등에 공유할 수 있다

사진을 촬영 후 그 자리에서 바로 사진을 보정, 공유하는 것은 중요한 일이 되었습니다. 컴퓨터에 디지털 데이터를 옮기는 귀찮은 일도 없습니다. 전문적인 프로그램으로 사진을 보정할 필요도 없습니다. 몇 가지 소프트웨어나 앱을 사용하면 내 사진도 전문가처럼 보이게 만들 수 있습니다. 전문 프로그램 공부를 하면 더욱 멋진 사진을 만들어낼 수 있습니다.

셋째, 스마트폰 카메라는 뛰어난 연속촬영 능력으로 순간을 포착한다

물론 미러리스 카메라나 DSLR 카메라도 연속촬영이 가능합니다. 하지만 저장장치와 저장 속도의 문제로 연속촬영 사진 수에 제한이 있습니다. 전문 카메라는 기종에 따라 다르지만 평균 7~12장 내외입니다. 스마트폰 카메라는 연속촬영에 한계가 없습니다. 연속촬영, 일명 버스트 모드를 사용했을 때 갤럭시 폰은 100장, 아이폰은 저장 공간이 가능한 한 촬영을 할 수 있습니다. 연속촬영은 순간 동작을 잡아내는 능력도 있지만 빛이 부족한 상황에서 흔들리지 않는 사진을 얻는데도 탁월한 효과를 보입니다.

넷째, 전문 카메라에 비해도 손색이 없는 스마트폰용 액세서리가 다양하다

스마트폰의 한계를 극복하게 하는 스마트폰용 렌즈들이 있습니다. 또한 스마트폰에서 노출시간을 조절할 수 있는 필터와 빛이 부족한 경우에 사용할 수 있는 스마트폰용 삼각대도 있습니다. 전문가용 카메라의 느낌을 낼 수 있는 조건이 다 갖춰져 있습니다. 굳이 말을 하지 않으면 스마트폰으로 촬영한 것인지 모를 사진들이 많이 있습니다. 이제는 스마트폰만을 사용해서 작품 활동을 하는 사진작가들도 많아졌습니다.

이와 더불어 전문가용 카메라와 가격을 비교했을 때 스마트폰이 가격이 저렴합니다. 스마트폰은 그 안에 카메라, 컴퓨터, 소프트웨어의 모든 것이 들어 있습니다. 날이 갈수록 스마트폰의 이미지 품질은 더욱 좋아지고 있습니다. 몇 년 지난 DSLR이나 컴팩트 카메라보다 스마트폰이 훨씬 좋습니다. 다양한 가격의 스마트폰 종류가 선택의 폭을 넓혀주고 있습니다. 스마트폰 카메라가 미러리스 카메라나 DSLR을 완전히 대체하지는 않습니다. 하지만 전문적인 사진작가가 아니라면 스마트폰을 마다할 이유가 없습니다.

03

스마트폰 카메라 기본 잡는 법

1 _ 스마트폰 잡는 법이 작은 부분이지만 중요한 이유

　스마트폰은 이미 많은 사람들이 카메라를 대체해서 사용을 하고 있습니다. 굳이 따로 배우지 않아
도 스마트폰을 편하게 잡고 촬영을 하면 됩니다. 미러리스 카메라나 DSLR 보다 화면도 커서 보이는
대로 화면만 누르면 됩니다. 이렇게 찍다보면 나도 모르게 흔들린 사진이 많습니다. 작은 부분이지
만 우리가 스마트폰을 잡는 법을 제대로 알고 촬영을 해야 하는 이유 중의 하나입니다.

대부분의 사람들은 스마트폰 카메라가 셔터를 누를 때 촬영된다고 알고 있습니다. 잘못 알고 있는 상식입니다. 스마트폰 카메라는 일반적인 카메라와는 다르게 셔터역할을 하는 부분을 눌렀다가 손가락을 떼는 순간 촬영이 됩니다. 터치를 하는 순간 촬영이 되는 줄 알고 바로 손을 떼면 흔들리는 사진이 나오게 됩니다. 터치하는 부분을 너무 강하게 눌러도 사진이 흔들립니다. 적당한 힘으로 살짝 누르고 부드럽게 손을 떼야 합니다.

위와 같은 원리를 알고 스마트폰 잡는 법을 신경 쓴다면 흔들리는 문제는 해결됩니다. 올바르게 잡고서 팔을 몸에 밀착시킨 후 적당한 힘으로 촬영을 합니다. 일반 카메라도 마찬가지지만 촬영을 할 때 잠시라도 숨을 멈추면 흔들림이 더 줄어듭니다. 수평과 수직을 맞추면 흔들리는 사진을 바로잡기 위한 안내선 역할을 하게 됩니다. 수평과 수직은 사진의 중요한 구도에서도 가장 기본이 되는 부분입니다.

2 _ 한 손으로 촬영할 때와 가로로 촬영할 때 잡는 법

스마트폰은 기기의 특성상 세로방향 사진을 많이 촬영하게 됩니다. 우리가 그동안 일반적으로 보던 사진들은 대부분이 가로방향 사진입니다. 35mm 필름 카메라부터 지금까지 가로 방향의 사진에 익숙해져 있습니다. 우리들의 눈 또한 세상을 보는 방식이 가로에 익숙해져 있습니다. 눈에 익숙한 가로 방향 스마트폰 잡는 법을 알아보도록 하겠습니다. 조금만 연습하면 금방 익숙해지는 부분이니까 연습해 보세요. 일반적으로 스마트폰을 세로 방향 한 손으로 잡았을 때는 제외했습니다.

스마트폰 카메라 가로로 촬영할 때 잡는 법

가장 기본이 되고 우리 눈에 익숙한 가로 사진 촬영할 때의 잡는 법입니다. 스마트폰을 양 손으로 편하게 잡고 촬영하면 됩니다. 양 손으로 스마트폰을 잡은 상태에서 엄지손가락으로 버튼을 누릅니다. 이때 너무 꽉 쥐거나 너무 손에 힘을 빼도 흔들릴 수 있습니다. 적당한 힘으로 잡고서 팔꿈치는 되도록 몸에 밀착합니다. 흔들림이 방지되어 더욱 안정적인 사진 촬영이 가능합니다.

스마트폰 카메라 한 손으로 잡는 법

다음으로 중요한 스마트폰 카메라 한 손으로 잡는 법입니다. 셀카를 촬영할 때나 갑작스럽게 스마트폰을 꺼내서 촬영할 때 한 손으로 흔들리지 않는 방법입니다. 사진에서 보시는 것과 같이 검지와 새끼손가락으로 스마트폰을 흔들리지 않게 잡습니다. 중지와 약지를 스마트폰의 뒷면에 붙여서 흔들림을 이중으로 방지합니다. 이렇게 잡은 상태에서 엄지손가락으로 가볍게 버튼을 눌러주면 됩니다.

한 손 그립 앞면

한 손 그립 뒷면

한 손으로 잡는 방법이 자주 쓰이는 경우는 전신 인물 사진 촬영할 때입니다. 스마트폰 카메라는 렌즈가 위에 달려 있고 광각렌즈라서 왜곡이 있습니다. 풍경을 찍거나 인물을 멀리서 촬영할 때는 별 차이를 못 느낍니다. 가까이서 인물 전신을 촬영할 때는 왜곡이 심하게 느껴집니다. 내 눈높이에서 촬영을 했는데 사진에서의 인물은 위축되어 보이고 머리 부분이 커 보입니다.

이런 왜곡을 방지하는 방법은 한 손으로 스마트폰을 잡고 뒤집어서 촬영을 하는 것입니다. 스마트폰 카메라가 아래쪽으로 향하게 해서 촬영을 하면 다리 부분이 길어지고 전체적으로 시원스런 사진이 됩니다.

스마트폰 카메라의 위치가 내 허리 부분이나 허리 아래 부분에 위치해야 합니다. 바닥에 가까울수록 왜곡이 심해져 의도치 않게 키가 많이 커질 수 있습니다. 스마트폰이 촬영하는 사람 허리 부분에 위치하는 것이 가장 좋습니다. 피사체인 인물은 시선을 스마트폰 카메라 쪽을 보게 해야 시선처리가 자연스럽습니다.

스마트폰 촬영 위치: 허리 아래

04

스마트폰 카메라 기본 세팅하는 법: 더 좋은 사진 촬영을 위해

1 _ 더 좋은 사진 촬영을 위한 준비

그리드(안내선) 활성화

그리드는 갤럭시에서는 수직/수평 안내선, 아이폰에서는 격자로 표시됩니다. 그리드는 스마트폰 화면을 가로 3분할 세로 3분할한 선을 말합니다. 그리드는 더 좋은 느낌의 사진 촬영을 위해서 참고 해야 할 안내선 입니다. 스마트폰 카메라로 촬영할 때 수평과 수직을 잘 맞추기 위한 기본입니다. 사진에서 수평과 수직만 잘 맞아도 훨씬 더 좋은 사진이 됩니다.

갤럭시 스마트폰은 카메라를 켠 다음 맨 왼쪽 위 설정에서 '수직/수평 안내선'을 활성화하면 됩니다. 아이폰은 설정에 들어가서 카메라 메뉴의 '격자'를 활성화하면 됩니다. 그리드는 사진 구도에 있어서 기본인 3분할 법칙에도 아주 중요한 부분입니다.

그리드(격자) 활성화

렌즈를 항상 깨끗하게 유지하기

가장 기초적인 이야기지만 많은 사람들이 스마트폰 카메라 렌즈를 잘 닦지 않습니다. 특히 요즘 스마트폰 카메라는 돌출되어 있어서 지문이나 먼지 등으로 얼룩이 생기기 쉽습니다. 얼룩이나 먼지를 그대로 둔 채로 촬영을 하게 되면 선명하고 좋은 사진이 나올 수 없습니다. 스마트폰 카메라 렌즈는 항상 깨끗하게 잘 닦여진 상태여야 합니다.

사진을 찍기 전에 항상 부드러운 천으로 스마트폰 카메라 렌즈를 잘 닦아야 합니다.

화면 밝기를 밝게 유지하기

스마트폰 카메라에서 중요한 하나가 화면 밝기입니다. 화면 밝기가 어두우면 빛이 부족한 밤이나 어두운 방 등에서 촬영할 때 흔들리는 사진을 알아볼 수 없습니다. 심지어 해가 쨍하게 비치는 대낮에는 화면이 밝아야 합니다. 스마트폰 화면이 어두우면 반사되는 해로 인해서 피사체가 더 보기 힘듭니다. 스마트폰 화면이 밝아야 사진의 디테일을 잘 살펴볼 수 있습니다.

기본 카메라를 사용하여 촬영하기

구글 플레이스토어와 애플 앱 스토어는 많은 사진 앱이 있습니다. 따로 보정을 하지 않아도 멋진 사진, 화사한 인물 사진을 만들어 줍니다. 하지만 사진 원본을 그대로 유지하고 싶다면 스마트폰 기본 카메라로 촬영해야 합니다. 사진전용 앱은 사진 원본을 변경하는 것이 많아서 내가 원하는 대로 다시 보정을 할 수 없습니다. 나만의 창의적인 사진을 원한다면 스마트폰 기본 카메라로 촬영을 한 후 보정을 하는 것이 좋습니다.

2 _ 스마트폰 카메라 기본 세팅

선택할 수 있는 수많은 사진 앱들이 존재하지만 스마트폰 기본 카메라를 잘 알아야 합니다. 아이폰의 라이브 필터와 인물 사진 모드, 안드로이드 스마트폰의 조명 등 대비 관련 필터와 갤럭시의 프로 모드 사용법을 익혀야 합니다. 스마트폰 기본 카메라는 간단해 보이지만 전문가용 카메라의 메뉴 구성과 동일합니다. 기본 카메라로 촬영을 해서 저장한 후 다른 앱으로 보정합니다. 스마트폰 기본 카메라를 알아야 더 좋은 사진을 얻을 수 있습니다.

스마트폰 카메라 기본 설정에서 가장 먼저 할 일은 해상도를 높이는 것입니다. 이전 스마트폰 카메라들은 해상도를 조절할 수 있는 방법을 쉽게 찾을 수 있었습니다. 이제는 해상도 설정 변경을 찾으려고 해도 더 이상 해상도 변경 메뉴는 안보입니다. 삼성은 '기능 간소화에 따른 사진 촬영 해상도 설정 기능은 지원하지 않습니다'라고 명시하고 있습니다.

갤럭시 스마트폰은 소비자들의 대용량 사진 선호도 저하로 사진의 화질은 최대 유지하면서 사진 압축 방식만 변경되었습니다. 설정 메뉴에서 사진 해상도 변경 메뉴가 없어졌습니다. 일반적으로 사진 모드에서 화면 비율만 변경해서 촬영을 하면 됩니다. 갤럭시 스마트폰은 출고될 때 최대 해상도로 출시됩니다. 조절하지 않으면 높은 화질일수록 저장 공간의 문제가 있는 것은 항상 생각하셔야 합니다.

갤럭시 스마트폰 사진 모드에서 화면 비율을 변경하는 방법은 아래와 같습니다.

- 갤럭시 스마트폰에서 '카메라' 어플을 켭니다.
- 위쪽에 나오는 아이콘 중에서 중간의 '3:4'를 클릭합니다(그림 1).
- 3:4(108MP), 3:4와 9:16, 정사각형 1:1, Full 등 화면 비율을 조절할 수 있습니다.
- 스마트폰은 일반적으로 3:4로 설정되어 있습니다. 화면이 시원스럽게 보이는 9:16이 더 큰 사이즈 같지만 실질적으로는 3:4가 9:16보다 더 큰 파일입니다(그림 2).
- 파일 포맷 설정 두 번째 방법은, 카메라 설정에 들어가서 '파일 포맷(사진 형식: 그림 3)'을 RAW 파일로 설정(그림 4)하는 것입니다.

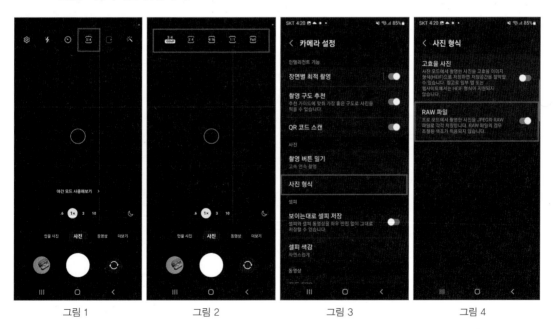

| 그림 1 | 그림 2 | 그림 3 | 그림 4 |

갤럭시 스마트폰 설정 메뉴에서는 '화면 해상도'만 조절이 가능합니다. 설정이나 카메라 어디를 봐도 사진 해상도를 바꾸는 것은 보이지 않습니다. 갤럭시에서 사진 화질을 변경 하시려면 촬영 후 사진갤러리에서 변경이 가능합니다. 갤럭시에서 사진 해상도를 변경하려면 다음과 같이 하시면 됩니다.

- 갤럭시 스마트폰에서 '사진 갤러리'를 엽니다.
- 화질 변경을 원하는 사진을 클릭하고, 아래 메뉴에서 '연필 모양'을 누릅니다(그림 5).
- 오른쪽 아래에 있는 '점 세 개(메뉴모음 아이콘)'를 누릅니다(그림 6).
- 팝업 메뉴 중에서 아래에 있는 '크기 변경'을 누릅니다(그림 7).
- '이미지 크기 변경' 항목이 나오면서 사진 화질 변경이 가능합니다(그림 8).
- 촬영된 원본 크기가 나오고, 압축률을 높이면서 사진 화질을 낮출 수 있습니다.
- 원하는 사진 화질을 선택하시면 됩니다. 해상도가 높을수록 사진 용량도 커집니다. 물론 촬영된 원본 사진보다 더 크게 화질 변경을 할 수는 없습니다.

| 그림 5 | 그림 6 | 그림 7 | 그림 8 |

아이폰은 카메라 메뉴가 아닌 설정에서 포맷 변경이 가능합니다. 카메라 메뉴에서 제일 상단의 포맷 부분으로 들어갑니다. 포맷의 높은 호환성에 체크를 합니다. 설정이 끝나면 사진은 고화질로 촬영이 됩니다. 설정 없이 촬영한 파일과 설정을 끝낸 후 사진 파일의 크기 차이는 두 배 정도 됩니다. 아이폰은 높은 호환성 아래에 있는 Apple ProRAW를 활성화해서 JPEG와 RAW 파일을 쉽게 변환하면서 촬영할 수 있습니다.

아이폰 카메라 포맷 설정 : 설정/카메라/포맷/높은호환성-ProRAW

　　눈으로 보기에는 별 차이가 없지만 사진 상세정보를 확인할 수 있는 앱이 있습니다. 애플 스토어에서 'Metapho' 검색을 해서 앱을 설치해 줍니다. 무료이면서도 사용법이 간단하고 전문 카메라 프로그램의 기능을 가지고 있습니다.

　　앱을 실행해서 갤러리에서 사진 선택을 하면 바로 상세정보가 나옵니다. 다른 방법은 갤러리에서 이미지를 선택하면 아래에 뜨는 메뉴 중에서 'Metapho'를 선택하면 됩니다. 파일 크기, 셔터스피드, ISO, 조리개, 촬영 위치정보, 렌즈 등 상세정보 확인이 가능합니다. 사진 보정을 했다면 보정할 때 사용했던 어플 또한 확인 가능합니다.

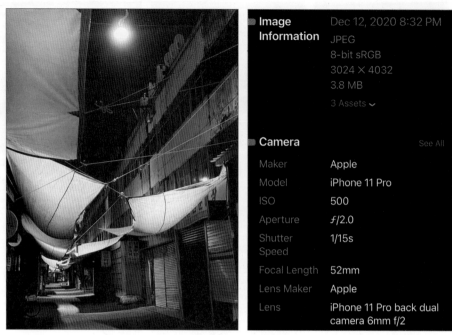

Image Information	Dec 12, 2020 8:32 PM
	JPEG
	8-bit sRGB
	3024 × 4032
	3.8 MB
	3 Assets ⌄
Camera	See All
Maker	Apple
Model	iPhone 11 Pro
ISO	500
Aperture	ƒ/2.0
Shutter Speed	1/15s
Focal Length	52mm
Lens Maker	Apple
Lens	iPhone 11 Pro back dual camera 6mm f/2

Metapho 상세 데이터

※ 아이폰 사진 상세 정보 확인 'Metapho' 어플 링크 및 바로가기

다운로드 사이트	바로가기 QR 코드
apps.apple.com/kr/app/metapho/id914457352	

05

조리개, 셔터스피드, ISO: 노출의 이해와 노출 3요소의 관계, 적정 노출

1 _ 노출이란 무엇인가?

노출은 사진의 절대적인 요소인 빛의 양을 조절하는 것을 말합니다. 노출을 결정한다는 것은 촬영할 때 적절한 밝기를 만들어 주는 것입니다. 노출이 부족하면 사진이 너무 어둡게 나오고 노출이 심하면 사진이 지나치게 밝게 나옵니다. 셔터스피드와 조리개, ISO 등 세 가지 요소에 따라 노출이 결정됩니다. 스마트폰 카메라는 대부분 조리개가 고정되어 있어 셔터스피드와 ISO로 노출을 조정합니다. 하지만 노출이 무엇인지 노출을 측정하는 방식이 무엇인지 알아야 원하는 사진 촬영이 가능합니다. 우선 기본적인 노출을 이해하고 스마트폰 카메라의 기능은 다시 알아보겠습니다.

노출 부족   적정 노출   노출과다

2 _ 조리개, 셔터스피드, ISO의 의미

조리개

　요즘 스마트폰 신제품을 내놓을 때 카메라 사양에 대한 정보를 자세하게 제공합니다. 이때 우리는 카메라 조리개 값이 F1.8, F2.2등의 정보를 볼 수 있습니다. 대체 조리개는 무엇인지 F로 표시되는 수치는 무엇인지 궁금합니다. 조리개는 조리개 구멍 크기를 통해 빛을 받아들이는 양을 조절합니다. F로 표시되는 조리개 값에 따라 빛의 양이 달라집니다. F수치가 낮을수록(F1.4 방향) 빛의 양이 많아지고 F수치가 높을수록(F2.8 방향, 일반 카메라일 경우 F16, F32 방향) 빛의 양이 줄어듭니다.

f 1.4	f 2	f 2.8	f 4	f 5.6	f 8	f 16

← 숫자가 낮을수록 커진다(개방)　　　　　　　숫자가 높을수록 작아진다(조임) →

　다시 말하면 F 뒤에 붙는 숫자가 작을수록 빛의 양이 많이 들어와 어두운 곳이나 밤에 촬영하기가 쉽습니다. 조리개가 사람의 눈과 같은 역할을 하는 것을 알 수 있습니다. 너무 밝은 곳에서는 홍채를 조여서 빛을 조금 받아들이고 어두운 곳에서는 홍채를 최대한 넓혀 많은 빛을 받게 합니다. 조리개를 조절해서 이미지 센서에 도달하는 빛의 양을 조절하는 것입니다. F 수치가 낮을수록 '조리개를 개방한다'고 하고, F 수치가 높을수록 '조리개를 조인다'고 합니다.

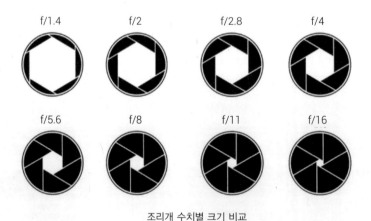

조리개 수치별 크기 비교

조리개 조임   조리개 개방

셔터스피드

셔터스피드는 간단하게 말하면 셔터가 열려있는 시간입니다. 조리개가 빛의 양을 물리적으로 조절한다면 셔터스피드는 빛의 양을 시간적으로 조절합니다. 달리는 자동차를 멈추거나 움직이는 상태로 촬영하고 싶다면 셔터스피드가 정답입니다. 셔터스피드는 초 단위로 표시되는데 분모인 숫자가 높을수록 빠른 셔터, 숫자가 낮을수록 느린 셔터스피드라 합니다. 1/250, 1/500, 1/1,000초의 빠른 셔터스피드는 움직이는 물체를 정지 상태로 만듭니다. 1/30, 1/15, 1/4초의 셔터스피드는 움직임이 사진에 그대로 나타납니다.

조리개와 합쳐서 이해하자면 ISO를 무시했을 때, 조리개 F수치가 낮을수록(조리개를 개방할수록) 셔터스피드는 빨라지고 F수치가 높을수록(조리개를 조일수록) 셔터스피드는 느려집니다. 조리개 F수치가 낮으면 들어오는 빛의 양이 많아져 셔터스피드는 빛의 양을 조절하기 위해 빨라집니다. 조리개 F수치가 높으면 빛의 양이 줄어들어 셔터스피드는 느려집니다. 시간의 흐름을 표현하고 싶으면 셔터스피드가 1/15, 1/4 등으로 점점 낮아지면 됩니다. 요즘 대부분의 스마트폰 카메라는 최대 30초까지 셔터스피드를 조절할 수 있습니다. 삼각대란 보조용품이 있다면 별을 촬영하거나 자동차 라이트가 물처럼 흐르는 것을 촬영할 수 있다는 의미입니다. 어떤 셔터스피드가 좋은지 정확한지 정답은 없습니다. 시간을 멈춘 상태로 하고 싶은지 아니면 시간의 흐름을 기록하고 싶은지 결정은 내 몫입니다. 셔터스피드는 내 사진에 시간을 창의적으로 표현해주는 도구입니다.

인천 송도 신도시 장노출

ISO

ISO는 International Organization for Standardization의 약자로 이미지 센서가 빛을 받아들이는 민감도를 숫자로 나타낸 것을 말합니다. 스마트폰 카메라는 터치로 초점과 노출을 조절할 때 ISO는 자동 조절됩니다. 하지만 내가 원하는 노출 값을 정하고 싶다면 조리개와 셔터스피드보다 먼저 ISO를 설정해야 합니다. 어두운 곳에서 400, 800, 3200 등 ISO값이 높아지면 적은 빛으로도 촬영이 가능합니다. 조리개를 덜 개방하고 셔터스피드를 빠르게 할 수 있다는 말입니다.

50	100	200	400	800	1600	3200

← 낮은 ISO(많은 양의 빛 필요)   높은 ISO(적은 양의 빛에서 촬영 가능) →

빛이 부족한 상황에서 스마트폰 카메라의 ISO를 높이면 화질이 뭉개지거나 불규칙한 점들이 생기는 노이즈 현상이 심해집니다. 적정 노출을 위해서는 사진 화질을 포기하거나 사진 화질을 높이려면 숫자가 낮은 ISO 설정을 해야 합니다. 높은 ISO는 사진 품질이 낮아집니다. 낮은 ISO는 좋은 품질의 사진을 만들어 냅니다. 이상적인 ISO는 50, 100 등 숫자를 낮게 설정하는 것입니다. 다만 어두운 공연장이나 스포츠사진, 동물사진, 야경 등의 상황에서는 높은 ISO를 사용해야 움직임을 표현할 수 있습니다.

3 _ 적정 노출 사진

노출의 가장 중요한 요소인 조리개와 셔터스피드, ISO에 대해 알아 봤습니다. 세 가지 요소는 서로 큰 영향을 미치는데 적정 노출이란 노출의 세 가지 요소를 잘 조합하는 것입니다. 이미 말했듯이, ISO를 제외했을 때 조리개를 개방하면 셔터스피드는 빨라지고 조리개를 조이면 셔터스피드는 느려집니다. 즉, 조리개 값이 '낮을수록' 사진이 밝아지고, 셔터스피드가 '느릴수록' 사진이 밝아집니다.

여기에 빛에 대한 민감도 ISO가 더해지면 더 복잡해집니다. ISO 값이 낮을수록 필요한 빛의 양이 많아져서 조리개를 개방하거나 셔터스피드를 느리게 해야 합니다. ISO 값이 높으면 조리개를 조여 주거나 셔터스피드를 빠르게 하면 됩니다. 이것이 노출을 구성하는 조리개, 셔터스피드, ISO 3요소의 관계입니다. 다시 말하면, 조리개를 열수록, 셔터스피드는 느릴수록 ISO는 올릴수록 사진은 밝아집니다.

조리개	1.4	2	2.8	4	5.6	8	16
셔터스피드	1/1000	1/500	1/250	1/125	1/60	1/30	1/15
ISO	50	100	200	400	800	1600	3200

노출 3요소의 관계

너무 어둡거나 너무 밝지 않은 사진을 '적정 노출 사진'이라고 합니다. 위에서 보았듯이 적정 노출 사진을 얻기 위해서는 노출의 3요소를 적절하게 조합해서 사용해야 합니다. 3요소 중에서 어느 한 가지를 빛의 양이 많이 들어오는 쪽으로 이동하면 나머지 두 요소는 반드시 빛이 적게 들어오는 방향으로 조절해야 합니다. 그 조합을 잘 찾아서 사용하는 것이 적정 노출을 만드는 것입니다.

06

스마트폰 카메라 렌즈의 이해와 활용

사진과 동영상을 촬영하고 올리는 SNS가 우리들의 일상이 되었습니다. 이렇다보니 촬영하고 바로 보정해서 올릴 수 있는 스마트폰 카메라는 더욱 중요해 졌습니다. 스마트폰 제조사들은 차별을 강조하고 있지만 거의 평준화된 것이 사실입니다. 광고에서 들었던 스마트폰 카메라 렌즈의 화각이 무엇인지, 광각, 망원은 또 무엇인지 궁금합니다. 한 번도 궁금하지 않았더라도 더 좋은 사진을 촬영하기 위해서는 필요합니다. 렌즈의 특성을 아는 것은 사진으로 보는 방법을 배우는 것입니다.

1 _ 카메라 렌즈의 종류와 스마트폰 카메라 렌즈

카메라 렌즈는 어떤 렌즈를 선택하느냐에 따라 사진의 느낌이 달라집니다. 적절한 렌즈 사용은 이미지에 시선을 더 머물게 하고 주제를 부각시킵니다. 스마트폰 카메라 렌즈는 표준으로 대부분 광각렌즈를 사용합니다. 광각렌즈를 기본으로 망원렌즈, 초광각 렌즈를 장착한 트리플 카메라가 대세였습니다. 앞으로는 장착 렌즈가 더욱 늘어날 것으로 보입니다. 스마트폰 카메라의 기본인 광각렌즈를 중심으로 각 렌즈의 특성을 알아보겠습니다.

| 스마트폰 표준 렌즈 사진 | 스마트폰 광각 렌즈 사진 | 스마트폰 망원 렌즈 사진 |

렌즈를 살펴보기 전에 '화각'이란 의미부터 살펴보자

스마트폰 카메라 사용중에 화각이 넓다 화각이 좁다는 말을 들어 봤을 것입니다. 화각은 사진이 촬영되는 각도로서 화면에 담기는 장면의 크기를 말합니다. 카메라 렌즈는 이 화각의 크기를 기준으로 표준, 광각, 망원 등으로 나뉩니다. 화각을 나타내는 몇부터 몇까지의 숫자는 의미가 없습니다. 각 렌즈의 특성을 정확히 아는 것이 중요합니다.

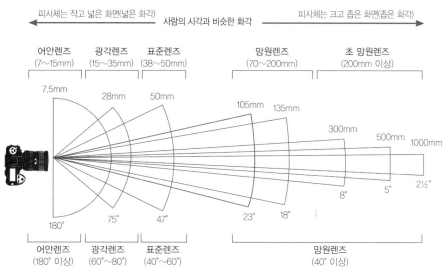

초점거리에 따른 화각 비교 _ 출처 https://blogview.hyundaicardcapital.com/1053

표준 렌즈

카메라 렌즈의 기본이 되는 표준렌즈는 사람의 눈과 가장 비슷합니다. 사람의 눈과 화각, 원근감, 공간감 등이 비슷해서 왜곡이 없습니다. 표준렌즈는 안정적이고 편안한 사진을 만듭니다. 또한 감정적으로 친밀하고 다소 개인적인 사진 촬영이 가능합니다. 표준 렌즈보다 보이는 각도가 넓으면 광각렌즈, 보이는 각도가 좁으면 망원렌즈입니다. 스마트폰 카메라에서 표준렌즈는 광각 렌즈를 기본으로 하고 있습니다.

사람의 눈과 비슷한 50mm 표준 렌즈 화각

광각 렌즈

표준렌즈보다 넓은 시야를 가지고 있는 렌즈가 광각 렌즈입니다. 몇 년 전만 해도 스마트폰 카메라는 광각 렌즈가 아니었습니다. 지금 대부분의 스마트폰 카메라는 광각 렌즈를 표준 렌즈 대신 장착하고 있습니다. 광각 렌즈는 넓은 화각(시야)을 가지고 있고 흔들림에 강하며 왜곡을 가지고 있습니다. 이러한 특징을 잘 이용하면 풍경 사진을 찍거나 주제를 부각시키려 할 때 좋습니다.

광각 렌즈는 화각이 넓다보니 좁은 공간에서 촬영할 때 효과를 발휘합니다. 웅장한 풍경 사진을 촬영할 때 좋은 렌즈지만 좁은 공간을 넓게 보이게 하는 효과도 있습니다. 또한 화각이 넓다보니 눈이 바라보는 부분을 넘어서서 사진에 담깁니다. 의도치 않게 담긴 여러 피사체들은 주제로 집중되는 시선을 분산 시킵니다. 주제를 강조하는 필요한 부분만을 남기고 정리하여야 주제가 살아납니다.

화각이 넓은 광각 렌즈는 렌즈 중앙에서 주변으로 갈수록 왜곡이 생깁니다. 왜곡을 이용해서 주제를 앞에 두고 강조를 할 수 있습니다. 피사체를 두드러지게 하는 사진을 촬영할 수도 있습니다. 인물 사진 촬영에서는 이런 왜곡을 이용해서 아래에서 올려 찍거나 앉아 있는 인물을 다리 부분에서 촬영하면 다리가 길어지고 얼굴이 작게 보이는 효과를 볼 수 있습니다. 광각 렌즈의 왜곡은 인물 사진을 길어 보이게 하거나 음식 사진을 촬영할 때 독특한 사진이 됩니다.

광각 로우 앵글 풍경 사진

광각 렌즈는 사물이나 사람을 클로즈업해서 친밀한 이미지로 만들 수 있습니다. 예제 사진에서 보듯이 주제에 초점을 맞추다보니 자연스럽게 배경은 흐리게 처리됩니다. 전경에 있는 흥미로운 것들에 더욱 집중할 수 있게 해주는 효과를 줍니다. 광각이나 초광각 렌즈는 풍경 사진, 야경이나 별, 은하수 사진에 좋습니다. 물론 높은 곳에서 내려찍는 귀여운 얼굴을 표현하는 인물 사진에도 좋습니다.

광각렌즈 클로즈업 음식 사진

로우 앵글 인물 사진

망원 렌즈

망원 렌즈는 표준 렌즈보다 화각이 작은 말 그대로 멀리 보는 렌즈입니다. 멀리 있거나 가까이 다가갈 수 없는 공연장이나 경기장, 동물 등을 촬영할 때 좋습니다. 화각이 좁다보니 렌즈로 보이는 피사체는 사진에서 크기가 커집니다. 멀리 있는 피사체를 가까이 당겨 확대합니다. 배경이 흐려져서 주제에 더욱 집중할 수 있습니다. 이런 특성으로 망원 렌즈는 주제를 살리는 인물 사진, 스포츠사진, 야생 동물사진에 이상적입니다.

100mm 망원 렌즈 화각

300mm 망원 렌즈 화각

멀리 떨어져 있는 피사체를 확대할 수도 있고 특정 부분만 강조해서 촬영할 수도 있습니다. 화각이 좁아 주변의 지저분한 것들이 정리되어서 주제에 집중할 수 있습니다. 하지만 사물을 확대하다 보니 작은 흔들림에도 사진이 흔들리기 쉽습니다. 해결책은 사용하는 망원 렌즈에 따라서 셔터스피드를 빠르게 해주면 됩니다. 망원 렌즈가 300mm라면 셔터스피드는 1/300초 이상이 되어야 한다는 말입니다.

스마트폰 카메라에서 가장 주의할 점 한 가지

줌을 사용해서 사진을 확대하지 말라는 것입니다. 요즘 출시되는 스마트폰들은 카메라 렌즈 기능들을 개선했다고 합니다. 갤럭시 S20 울트라 경우는 스마트폰 최초로 100배 디지털 줌 기능을 가지고 있습니다. 단순하게 따지면 2,000mm가 넘는 망원 렌즈를 장착한 것입니다. 아이폰 12 프로의 경우는 2배 광학 줌, 최대 12배 디지털 줌을 가지고 있습니다. 미러리스 카메라나 DSLR과 비교해도 손색이 없는 줌 기능이라고 생각할 수 있습니다. 하지만 '디지털 줌'이란 말이 바로 함정입니다. 미러리스 카메라나 DSLR에서 쓰이는 '광학 줌'은 렌즈의 초점거리(렌즈에서부터 이미지 센서까지의 거리)를 조절합니다. 초점거리를 조절해서 이미지를 확대하는 것이기 때문에 화질이 우수합니다. 스마트폰 카메라의 디지털 줌은 렌즈가 아닌 화면상의 이미지 일부를 확대하는 것입니다. 이미지 일부를 확대해서 부풀렸기 때문에 화질저하가 심합니다.

스마트폰 카메라 광학 줌은 아이폰 12 프로맥스 2.5배, 갤럭시 S20 울트라 5배입니다. 이것은 그 이상 확대하게 되면 사진 품질의 화질 저하는 필연적이라는 것입니다. 차라리 '스마트폰 카메라는 발로하는 줌이다'라고 피사체에 가까이 다가가서 촬영하십시오. 표준으로 촬영을 한 뒤 편집과정에서 20% 정도 잘라내는 것도 좋은 방법입니다. 다시 한 번 강조하지만 스마트폰 카메라에서는 줌 기능을 사용해서 확대하지 마세요!

DSLR 300mm 망원 화질　　　　　　　　　　　　　아이폰12 프로맥스 12X 망원 화질

07

사진을 잘 찍기 위한 방법과 나쁜 사진을 고치는 방법

화면의 안내선(그리드)을 항상 켜고 촬영한다

스마트폰 카메라를 사용할 때 안내선(그리드, 격자)을 항상 켜놓으세요. 안내선을 항상 켜서 촬영을 하면 사진을 통해 사물을 보는 시각을 기를 수 있습니다. 선과 단면을 통해 촬영할 사진을 상상하기가 쉬워집니다. 사진에서 수평과 수직을 맞추는 것만으로도 사진이 훨씬 좋아집니다. 또한 사진의 구도인 3분할 법칙(Part3에서 설명)을 쉽게 익힐 수 있습니다.

안내선(그리드, 격자) 활성화 예제

주제를 드러내려면 배경을 단순화하고 여백의 미를 기억한다

사진에 많은 부분들이 포함되어 있으면 무엇을 보여주려는 것인지 알 수 없습니다. 배경이 복잡하면 복잡한 배경이 사진을 완전히 망쳤다는 것을 알 수 있습니다. 내가 나타내고자 하는 주제와 배경을 분리하면 단순해지면서도 사진의 영향력은 커집니다. 배경의 분리와 여백은 편안한 마음으로 시선을 주제로 이끌 수 있습니다. 시선이 주제에 항상 머물 수 있도록 배경을 단순화하고 여백의 미를 활용하세요.

결정적인 순간을 촬영하려면 기다림에 익숙해져야 한다

'사진을 찍을 때 한쪽 눈을 감는 이유는 마음의 눈을 위해서이고, 찰나에 승부를 거는 것은 사진의 발견이 곧 나의 발견이기 때문이다' 근대 사진의 완성이라 불리는 앙리 카르티에 브레송의 유명한 말입니다. 사진은 찰나에 일어나는 순간의 미학이라고 말합니다. 하지만 아무리 순간에 일어나는 것이어도 우연하게 얻어 걸리는 사진은 없습니다. 순간을 위해서 오랜 시간을 기다려야만 좋은 사진을 위한 '결정적 순간'이 옵니다.

여백의 미 예제

결정적 순간 예제

풍경 사진은 HDR을 적극 활용한다

HDR 기능은 어두운 부분과 밝은 부분의 차이를 살려서 선명한 사진을 만듭니다. 역광의 상황이나 빛이 너무 강한 상황에서 빛의 차이가 클 때 쓸모 있습니다. 다만 스마트폰 카메라에 맡겨 놓으면 과도하게 적용될 수 있습니다. HDR을 켜고 한 장 촬영 후 HDR을 끄고 다시 촬영하는 습관을 가져야 합니다.

HDR 적용 전

HDR 적용 후

아이폰 스마트 HDR은 풍경 사진과 인물 사진에 모두 사용 가능합니다만 반드시 강도를 확인하고 촬영해야 합니다.

좋은 빛을 읽는 법을 배워야 한다

빛은 좀 더 좀 더 창의적인 인상적인 사진을 만드는 중요한 요소입니다. 빛(자연광, 인공광)과 그림자에 대한 이해는 사진을 알아가는 본질입니다. 날씨와 계절, 장소와 공간, 태양의 방향등을 알아야 합니다. 되도록 카메라 조명을 사용하지 않고 자연광을 사용해서 촬영해야 합니다. 빛이 모든 피사체들에 어떤 영향을 미치는지 이해하고 있어야 합니다. 좋은 사진을 촬영하고 싶다면 좋은 빛을 찾아서 움직이십시오.

빛을 읽는 법 예제

문화생활을 즐기면서 많은 사진을 찍어야 한다

저는 사진을 처음 배울 때 없는 감성을 만드느라 많은 뮤직비디오와 영화를 봤습니다. 가능하다면 전시회를 가고 연극이나 음악공연을 감상하면 좋습니다. 영화를 많이 보고 영화 속에서 장면을 어떻게 표현하는지 자세히 들여다보는 것도 도움이 됩니다. 단, 모든 것들이 의무나 강제가 되어서는 안 됩니다. 사진은 나를 행복하게 하고 다른 사람을 행복하게 하는 일입니다. 내가 사진 촬영하는 것이 즐거워야 그 느낌이 그대로 전달됩니다. 돈이 아닌 시간을 투자하고 항상 즐겁게 많이 촬영하세요.

확대하지 말고 가까이 다가가서 집중한다

스마트폰 카메라 확대 기능을 이용하지 않고 피사체에 가까이 다가가서 관찰하세요. 단순하게 보는 것을 넘어서 자세히 들여다봐야 합니다. 사진은 셔터를 누르기 전에 이미 내 마음속에 완성되어 있는 것입니다. 어떻게 촬영할지 어떤 부분을 어떻게 자를지 관찰하세요. 눈높이에서 바라보고 앉아서도 살펴보고, 가능하면 주위를 돌면서 바라보세요. 어느 순간 피사체가 나에게 말을 거는 순간이 다가옵니다.

가까이 다가가기 예제

가능한 한 수동모드와 RAW 포맷으로 촬영한다

이제는 스마트폰 카메라 대부분이 DSLR과 같은 수동모드를 지원합니다. 스마트폰 카메라에서 자동으로 노출과 초점을 잡아주는 것은 물론 편합니다. 하지만 내가 원하는 사진을 촬영하고 싶다면 수동모드로 촬영하세요. 간단한 터치로 조리개, 셔터스피드와 ISO를 조절하고 초점을 설정하세요. 수동모드에 있는 RAW 포맷(Part2에서 설명)을 적극 활용하세요. RAW 포맷은 JPEG 파일보다 더 많은 디지털 정보를 가지고 있어 후보정에 좋습니다.

사진에 이야기를 더하는 습관을 가져야 한다

사진을 촬영하고 나면 습관적으로 사진 촬영할 때의 느낌을 적어봅니다. 일상의 순간에서든 여행 중에 만난 것이든 모든 것들에 말을 걸어 보세요. 긴 문장이 아니어도 됩니다. 짧게 쓰더라도 나만의 감성을 담아 촬영할 때 느낀 것들을 쓴다면 그 마음이 고스란히 감상자에게 전달이 됩니다. 사진에 이야기를 더하는 것이 다른 사람과 다른 나만의 창의적인 사진을 만드는 것입니다.

파트 2에서는 스마트폰 카메라로 좋은 사진을 촬영하기 위한 방법으로, 스마트폰에서 노출과 초점 조절, 피사계 심도 및 화이트밸런스 , HDR 모드에 대해서 알아보고, 앵글이 무엇인지 그 중요성에 대해서 알아보도록 하겠습니다.

PART 02

사진 촬영 시작하기

08

RAW 파일 VS JPEG 파일-사진을 내 마음대로 조절하는 RAW 파일

사진 촬영할 때 파일 포맷을 RAW 포맷으로 촬영해야 한다고 하는데 그 이유가 뭘까요? 우리가 흔히 알고 있는 JPEG와는 어떻게 다를까요? JPEG는 카메라가 이미지를 자체적으로 보정해서 압축한 파일 형식입니다. 밝기, 채도, 대비 등 설정해 놓은 상태 그대로 카메라가 만들어서 내보낸 것입니다. SNS나 웹에 바로 올릴 수도 있고 별도의 프로그램 없이 사진을 볼 수 있습니다. 이미지를 압축해서 만들어 지는 것이어서 사진 용량이 작아집니다.

JPEG 파일은 압축률이 높고 이미지 손실이 적어 가장 일반적으로 사용되고 있습니다. 일반적으로 보거나 SNS에 올릴 경우에는 문제없지만 편집을 하거나 보정 후 다시 저장하면 원본 화질을 더욱 저하시킬 수도 있습니다. 높은 압축률에 의한 용량 절약과 표현 가능한 색 정보를 담고 있어서 국제표준 포맷으로 사용 중입니다. 확장자 이름은 JPEG를 기본으로 jpeg, jpg, jif 등으로 표기되기도 합니다.

RAW 포맷 파일이란 한 마디로 정의해서 '가공하지 않은 원본 파일'입니다. 촬영할 때 RAW 포맷으로 하면 파일에 더 많은 색상 및 톤 데이터가 저장됩니다. 후보정을 생각하는 사람들이나 사진작가들은 JPEG 보다 RAW 파일로 촬영합니다. 사진은 촬영하는 것도 중요하지만 후보정하는 것도 무척 중요하기 때문입니다. RAW 파일이 JPEG 파일보다 아주 많은 데이터와 색 정보를 가지고 있기 때문입니다.

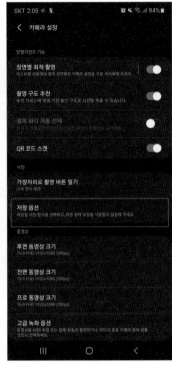

갤럭시 RAW 파일 설정 방법

RAW 파일은 압축 파일인 JPEG보다 더 많은 사진 데이터를 가지고 있어서 용량 차이도 아주 큽니다. JPEG 파일은 8비트 채널에서 256개의 색 정보를 가지고 있습니다. RAW 파일은 16비트 채널을 사용할 때 65,000개의 색 정보를 담고 있습니다. JPEG는 이미지를 우리들이 사용하기 편리하게 가공을 한 것입니다. 이미지 용량도 작아지고 바로 쓰기에도 편하지만 가공되어 있어서 많은 정보와 색상이 빠져 있습니다.

노출의 변경이나 화이트밸런스 조절, 색상 변경 등과 같은 부분들을 하기에는 RAW 파일이 답입니다. 촬영할 때 이미지 센서에 기록된 정보를 삭제하거나 가공하지 않고 100% 그대로 저장하기 때문입니다. 용량 차이는 JPEG 보다 4배 정도 차이가 나지만 후보정을 생각하면 RAW 파일로 촬영해야 합니다. 디지털 파일은 후보정이 빼놓을 수 없는 중요한 부분이기 때문입니다. 물론 JPEG 포맷으로 촬영해도 일반적으로는 우수한 결과를 보입니다.

JPEG 파일과 RAW 파일(보정 후) 비교 사진

RAW 파일의 장점과 단점은 다음과 같습니다.

❶ 촬영할 때의 모든 이미지 데이터 정보를 알 수 있고 색 정보가 풍부합니다.

❷ 이미지를 보정 편집할 때 화이트밸런스를 마음대로 제어할 수 있습니다.

❸ 노출에 실패했을 경우 JPEG는 복구하기 힘들지만 RAW 파일은 너무 밝거나 어두운 영역의 디테일을 살려낼 수 있습니다.

❹ 대비나 선명도, 채도 등의 조절이 자유롭고 화질저하 현상인 노이즈가 감소합니다.

❺ RAW 파일이 JPEG 파일보다 항상 화질이 좋아지는 것은 아닙니다. JPEG는 보기에 좋게 이미 가공을 하고 나온 파일이라 원본 그대로의 파일인 RAW 파일보다 좋을 경우가 더 많습니다. RAW 파일은 어딘지 모르게 색상이 빠져 보이고 채도도 떨어져 보입니다.

❻ 많은 정보를 가지고 있다 보니 파일 용량이 크고 처리 속도가 느립니다.

❼ 이미지 저장 장치가 고장이나 이미지 저장이 안 되었을 경우 복구하기 어렵습니다.

출처 : https://helpx.adobe.com/kr/lightroom-cc/how-to/raw-vs-jpeg.html

09

스마트폰에서 노출과 초점을 조절해 작품사진 촬영하기

노출이란 앞에서 살펴봤듯이 조리개와 셔터스피드, ISO로 빛의 양을 조절하는 것입니다.

빛을 양으로 조절하는 조리개와 빛이 이미지 센서에 들어오는 시간을 조절하는 셔터스피드, 빛에 대한 이미지 센서의 민감도인 ISO를 숫자로 표현한 것입니다. 스마트폰 카메라는 노출을 자동으로 조절해 줍니다. 좀 더 내가 원하는 사진을 만들려면 수동으로 노출과 초점을 조절해야 합니다. 스마트폰 카메라는 큰 화면을 가지고 있어서 촬영 전 미리 결과물을 확인할 수 있습니다. 스마트폰 노출과 초점을 잘 맞추면 내 사진이 다른 사진과 달라집니다.

스마트폰 카메라는 자동으로 촬영하다 보면 항상 알아서 평균노출을 맞춰 줍니다. 하지만 빛이 부족한 상황이나 일출, 역광에서는 노출을 조절하기가 힘듭니다. 이럴 때는 스마트폰 카메라가 알아서 해주는 자동을 버리고 수동이나 프로모드로 촬영해야 합니다.

수동과 프로모드 사용법을 익히면 미러리스나 DSLR 부럽지 않은 멋진 사진을 촬영할 수 있습니다. 갤럭시와 아이폰 최신 기종을 중심으로 메뉴를 하나하나 배워 보겠습니다.

1 _ 갤럭시 프로모드에서 초점 및 노출 조절하기

초점 조절 및 사용

카메라를 열면 스마트폰 카메라가 자동으로 노출과 초점을 잡아줍니다. 하지만 전문가처럼 사진을 촬영하고자 한다면 프로모드를 활용해야 합니다. 카메라를 켰을 때 제일 우측의 '더보기' 메뉴를 누르고 '프로모드'를 누릅니다.

갤럭시 프로모드 설정

첫 번째로 카메라 초점 설정부터 살펴보겠습니다. 프로모드 화면에서 아래 메뉴에 있는 아이콘인 'FOCUS'를 누르면 초점을 자동과 수동으로 조절할 수 있습니다. 'FOCUS'를 누르면 A(자동)와 M(수동) 모드가 보입니다. 노란색으로 활성화된 A(자동)가 기본으로 되어있습니다. M(수동)을 누르고 아래 조절바(초점 게이지)를 조절하면 초점을 수동으로 조절할 수 있습니다.

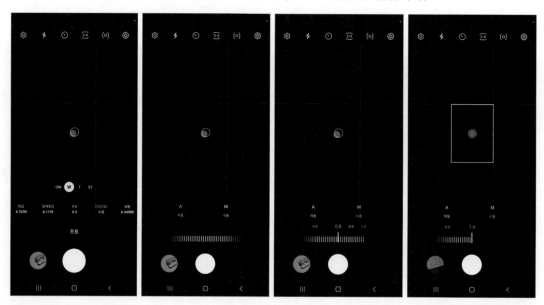

초점 게이지를 좌측 끝인 '0.0'으로 밀면 가까이 있는 물체에 초점을 맞출 수 있습니다. 근접 촬영은 최대한 가까이 다가가서 5㎝까지 가능합니다. 초점 게이지를 우측 끝인 '1.0'으로 밀면 멀리 있는 피사체에 초점을 맞출 수 있습니다. 가까운 피사체나 멀리 있는 피사체나 동일하게 초점게이지를 조절할 때, 초점이 맞으면 순간 초록색으로 변합니다. 초점이 맞은 초록색 표시는 순간적으로 나타났다가 없어지니까 잘 살펴야 합니다.

<table>
<tr><td>근거리 초점</td><td>원거리 초점</td></tr>
</table>

초점 게이지를 0.0까지 내리면 아주 작은 것을 크게 촬영하는 접사모드로 변경되어 가까이 있는 피사체는 선명해지고 배경은 흐려집니다. 초점 게이지를 1.0까지 올리면 가까운 곳부터 멀리 있는 부분까지 사진이 선명해 집니다. 풍경사진이나 움직이는 피사체를 촬영할 때 사용하시면 좋습니다.

노출 조절 및 사용

노출 조절은 프로모드 화면에서 아래에 있는 메뉴 중, ISO와 SPEED 조절로 가능합니다. 일반 카메라에서는 조리개 조절이 가능하지만, 조리개가 대부분 고정되어 있는 스마트폰에서는 조리개 조절이 의미가 없어 조리개 조절 아이콘이 없어졌습니다. 'SPEED'라고 되어 있는 '셔터 스피드' 조절 아이콘을 누르면 노란색으로 활성화 됩니다. 자동으로 되어 있는 데, 조절 게이지를 우측으로 끝까지 움직이면 '30초', 좌측으로 끝까지 움직이면 '1/12,000초'까지 조절이 가능합니다.

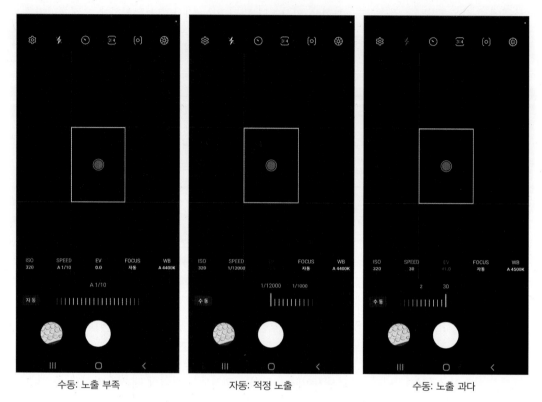

| 수동: 노출 부족 | 자동: 적정 노출 | 수동: 노출 과다 |

우측 게이지를 우측 1.0까지 올리면 저속 셔터 스피드로(30초), 좌측 0.0까지 내리면 고속 셔터 스피드로(1/12,000초) 바뀝니다. ISO가 동일한 경우에 저속 방향은 사진이 밝아지고 고속으로 갈수록 사진이 어두워집니다. 'SPEED'를 조절하다 보면 따른 무엇인가가 바뀌는 것을 볼 수 있습니다. 바로 중간에 있는 'EV'입니다. EV(Exposure Value)는 '노출보정'이라고도 합니다.

노출 보정은 필름 카메라 시절부터 적용된 기술을 스마트폰에서도 그대로 사용한 것입니다.

노출 보정은 +2.0부터 −2.0까지 설정하도록 되어있는데, 0을 기준으로 −방향으로 내릴 경우 사진이 어두워지고, +방향으로 올릴 경우 사진이 밝아집니다. 이 기능이 있는 이유는 카메라가 피사체의 색상은 고려하지 않고 밝기만을 파악해서 노출을 결정하기 때문이었습니다.

갤럭시 스마트폰 카메라에서 'EV'는 수동 조절도 되고 자동으로 조절하기도 합니다. 위 사진에서 보시는 것처럼, 적정 노출이었을 때 '흰색'이었던 EV값이 저속 셔터스피드인 1.0일 때는 '회색'으로, 고속 셔터스피드인 0.0일 때는 '붉은색'으로 자동 조절됩니다. 카메라에서 인식할 때 어두운 색 계열은 1.0쪽으로, 흰색이나 밝은색 계열은 0.0쪽으로 조절합니다. EV가 잘 적용되려면 측광 방식이 '중앙부 중점 측광'이나 '스팟측광'일 때 더욱 효과적입니다.

측광이란 빛의 세기를 재는 것을 말하는데 갤럭시는 3가지의 측광 방식을 제공합니다. 측광방식을 조절하려면 위에 있는 아이콘 중에서 우측에서 두 번째 있는 아이콘을 누릅니다. 측광 방식을 나타내는 세 개의 아이콘이 보입니다.

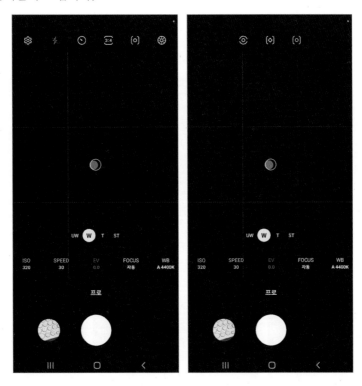

차례대로 중앙 집중 측광, 다분할 측광, 스팟 측광입니다. 중앙 집중 측광은 스마트폰 화면의 중앙 부분을 중점적으로 측광하는 방식입니다. 다분할 측광은 화면 전체를 분할하여 빛을 측광한 후 평균값을 노출로 결정하는 방식입니다. 스팟 측광은 촬영자가 원하는 부분의 한 점을 측광하는 방식입니다.

역광 무보정 인물 사진과 역광 보정
인물 사진 비교:
사진은 전부 무보정 원본임

다음으로 노출을 결정하는 3요소 중의 하나인 ISO 설정 방법입니다. '더보기-프로모드'에서 아래에 있는 메뉴 제일 왼쪽 'ISO'를 누릅니다. 처음 설정은 '자동'으로 되어 있는데 ISO 조절 게이지를 좌측 '50'까지 내리면 사진이 어두워지고, 우측 '3,200'까지 올리면 사진이 밝아집니다. ISO 값이 낮을수록 필요한 빛의 양이 많아져서 셔터 스피드인 'SPEED'가 느려집니다. ISO가 높을수록 셔터 스피드는 빨라집니다.

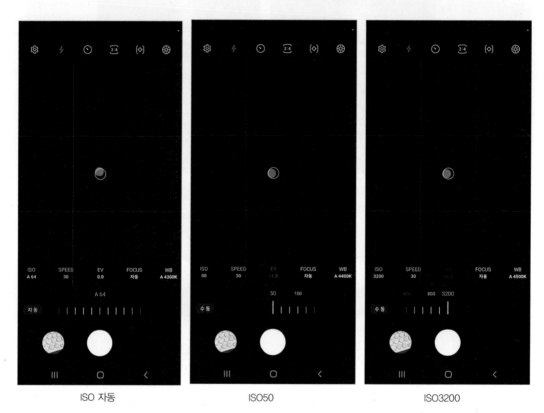

ISO 자동   ISO50   ISO3200

2 _ 아이폰 카메라에서 초점 및 노출 조절하기

아이폰은 갤럭시보다 초점과 노출 조절 메뉴 구성이 단순합니다. 아이폰 카메라 앱을 열면 카메라가 자동으로 초점을 맞추고 노출을 조절해 줍니다. 특정 영역으로 노출과 초점을 바꾸고 싶을 때 카메라 화면에서 내가 원하는 부분을 길게 누르고 있으면 카메라 화면 상단에 '노출/초점 고정'이라고 노란색으로 표시됩니다.

이 상태에서 초점 영역을 이동하려고 하는 부분에 터치를 합니다. 길게 누르면 노란색 박스와 태양이 나타나는데 그 부분에 초점이 맞게 되고 초점 영역 박스 옆의 태양표시( )를 위 아래로 조절하여 노출을 변경합니다. 위로 이동하면 사진이 밝아지고 아래로 이동하면 사진이 어두워집니다.

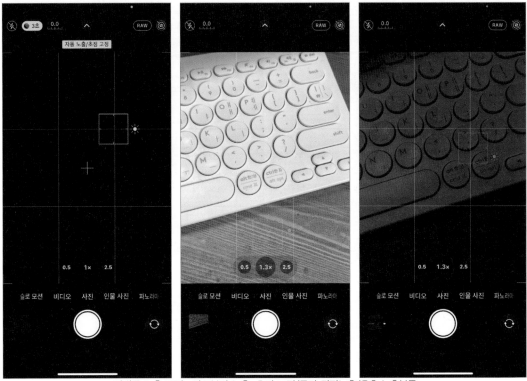

아이폰 노출 조절 : 좌로부터 노출, 초점 고정/중간 적정노출/우측 노출부족

카메라 기본 화면 구성은 타임랩스, 슬로모션, 비디오, 사진, 인물 사진, 파노라마로 기존 메뉴와 동일합니다. 기존과 동일한 방식으로 메뉴 부분을 아래에서 위로 쓸어 올리면 설정 옵션이 나옵니다.

카메라 화면 우측 아이콘 중에서 왼쪽위에서 세 번째 조절게이지를 터치하면 노출을 수동으로 조절할 수 있습니다. 노출을 조절하는 게이지는 −2.0부터 +2.0까지 조절할 수 있습니다. 갤럭시와 마찬가지로 0을 기준으로 −방향으로 내릴 경우 사진이 어두워지고, +방향으로 올릴 경우 사진이 밝아집니다.

이 노출설정은 다음에 카메라 앱을 열 때까지 유지되고, 설정을 해제하려면 화면을 다시 한 번 터치하면 됩니다.

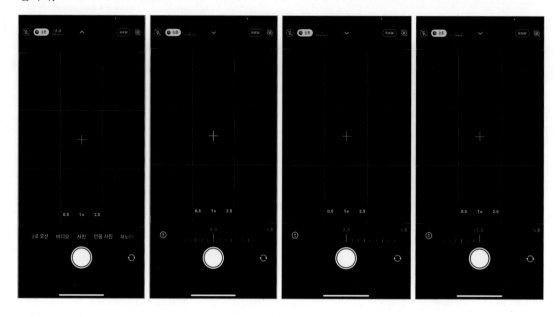

10

갤럭시와 아이폰의 인물사진 모드를 활용해 DSLR처럼 사진 촬영하기

우리는 앞에서 노출을 결정하는 3 요소인 조리개와 셔터스피드, ISO를 배웠습니다. 사진의 밝기를 나타내는 노출 3 요소 중에서 조리개는 카메라에 들어오는 빛의 양만을 조절하는 것이 아니라 '피사계심도'를 결정하는 중요한 요소입니다. 피사계심도가 무엇인지, 사진을 잘 찍는데 이 피사계심도가 왜 필요한지 궁금합니다. 이제부터 피사계심도란 무엇인지 피사계심도를 어떻게 활용하는지 알아보겠습니다. 스마트폰 카메라에서 피사계심도만 잘 이용해도 사진이 훨씬 달라집니다.

1 _ 피사계심도란 무엇인가?

피사계심도(Depth of Field)란 사진에서 '초점이 맞은 것으로 인식되는 범위'를 말합니다. 피사계심도는 렌즈의 초점거리, 피사체와 카메라 간의 거리, 조리개 개방 정도 등에 의해 결정됩니다.(출처,위키백과) 위키백과의 설명을 쉽게 말하면 피사계심도란 사진에서 선명하게 보이는 부분의 앞에서부터 뒤까지의 거리를 말합니다. 피사계심도에 영향을 미치는 요인 중에 중요한 것이 '조리개 개방 정도'입니다. 조리개 개방에 따라 사진에서 초점이 맞는 범위는 개방 정도를 나타내는 F값이 낮을수록(조리개가 개방될수록) 초점이 맞는 영역이 좁아지며 F값이 커질수록(조리개를 조일수록) 초점이 맞는 범위가 넓어집니다.

이때 초점이 맞는 범위가 좁아지는 것을 '피사계심도가 얕다'라고 하고, 초점이 맞는 범위가 넓어지는 것을 '피사계심도가 깊다'라고 합니다. 피사체는 초점이 맞지만 배경이 흐릴 경우는 피사계심도가 얕다 입니다. 피사체와 뒷배경까지 모두 초점이 맞아 사진이 선명한 경우는 피사계심도가 깊다입니다.

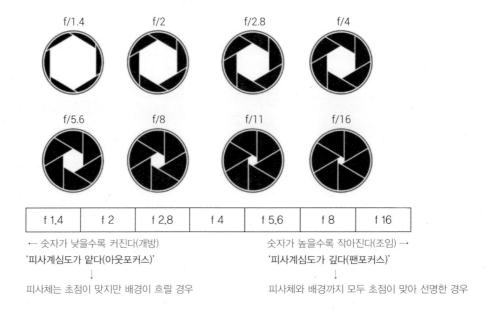

f 1.4	f 2	f 2.8	f 4	f 5.6	f 8	f 16

← 숫자가 낮을수록 커진다(개방)   숫자가 높을수록 작아진다(조임) →

'피사계심도가 얕다(아웃포커스)'   '피사계심도가 깊다(팬포커스)'

↓   ↓

피사체는 초점이 맞지만 배경이 흐릴 경우   피사체와 배경까지 모두 초점이 맞아 선명한 경우

조리개를 많이 열수록 피사계심도는 얕아지고 조리개를 조일수록 피사계심도는 깊어집니다. 피사체는 초점이 맞지만 배경이 흐려지는 피사계심도가 얕은 상태를 '아웃포커스'라 합니다. 피사체와 뒤 배경까지 모두 초점이 맞아 선명한 경우를 '팬포커스'라 합니다. 인물 사진의 경우 주제인 인물은 선명하게 살아나고 배경은 흐리게 처리된 사진을 아웃포커스 사진이라고 합니다. 팬포커스는 인물 사진일 경우 단체사진에서 쓰이고 주로 풍경 사진에서 많이 쓰입니다.

아웃포커스 풍경

팬포커스 풍경

아웃포커스 인물　　　　　　　　　　　　　　　팬포커스 풍경

　주제가 되는 피사체나 인물에 의도적으로 초점을 맞추고 배경이나 앞의 전경을 흐리게 하면 사람의 시선은 초점이 맞은 부분으로 집중하게 되어 있습니다. 인물이나 주제가 되는 요소를 부각시키려 하거나 지저분한 배경으로 인해 시선이 분산될 때 아웃포커스 효과가 좋습니다. 아웃포커스로 인물 사진을 찍을 때는 사람의 감정을 드러내는 눈에 초점을 맞추면 효과가 더욱 좋습니다. 사진을 보는 관객의 시선이 초점이 맞은 눈에서 감정을 읽기 때문입니다.

　팬포커스는 예제 사진에서와 같이 앞에서부터 뒤까지 모두 선명하게 보임으로써 우리가 눈으로 보는 것과 같은 현실감을 제공합니다. 팬포커스는 사진 속 공간 모든 부분을 선명하고 섬세하게 표현하는데 적합한 방법입니다. 그래서 감정을 나타내는 인물 사진 보다는 풍경 사진에 주로 쓰입니다. 팬포커스로 빛이나 태양을 찍으면 조리개를 조일수록 빛이 여러 갈래로 갈라지는 효과도 볼 수 있습니다.

　다시 한 번 정리하자면 '피사계심도'는 사진에서 초점이 맞아 앞에서부터 뒤까지 선명하게 보이는 부분을 말합니다. 피사계심도에 영향을 미치는 여러 요인이 있는데 그 중 중요한 것이 조리개 값과 피사체와 카메라와의 거리입니다. 또한 피사체와 배경과 거리도 피사계심도에 영향을 미칩니다.

　아이폰에서는 인물 사진 모드의 조리개가 중요한 요소입니다. 조리개를 개방할수록 피사계심도는 얕아지고 조리개를 조일수록 피사계심도는 깊어집니다. 아이폰은 인물 사진 모드에서 조리개 값을 F1.4에서 F16까지 조절할 수 있습니다. 갤럭시도 라이브포커스 모드를 인물사진 모드로 이름을 바꿨습니다. 인물사진 모드에서 자동으로 아웃 포커스를 만들어 줍니다.

2 _ 갤럭시 인물 사진 모드

갤럭시 스마트폰 카메라에서는 자동으로 아웃포커스를 시켜주는 기능이 있습니다. 피사체는 선명하게 돋보이고 배경은 흐리게 촬영할 수 있습니다. 다양한 배경효과를 적용시켜 사진이나 동영상을 촬영하고, 촬영 후 편집할 수 있습니다. 인물 사진 모드는 빛이 충분하고 배경이 화려한 경우에 효과가 더 큽니다. 카메라 어플을 열고 아래 촬영 메뉴 중에서 '인물 사진' 모드를 선택합니다.

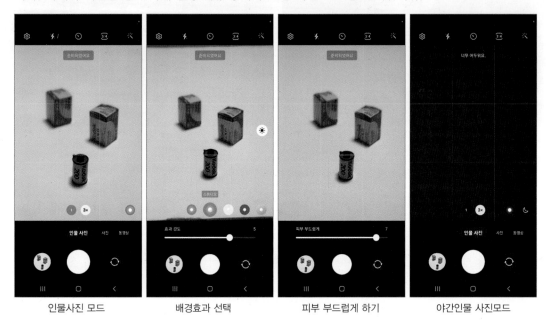

| 인물사진 모드 | 배경효과 선택 | 피부 부드럽게 하기 | 야간인물 사진모드 |

인물 사진 모드에서는 1배, 3배 줌이 사용 가능합니다. 줌 표시 옆의 원 표시는 배경효과를 선택할 수 있는 부분입니다. 배경효과는 배경을 흐리게 처리하는 '블러', 스튜디오 조명 느낌을 주는 '스튜디오', 흑백 사진으로 촬영하는 하이키 모노와 로우키 모노, 그리고 컬러 배경과 컬러 포인트 배경 효과가 있습니다. 피사체와 배경을 보면서 조절바를 움직여 배경 흐림 효과 강도를 조절합니다. 강도를 조절한 후 준비되었다는 안내 표시가 뜨면 촬영합니다.

인물 사진 모드 아래 조절바를 이용해 배경 흐림 정도를 조절할 수 있습니다. 0부터 7까지의 숫자에서 숫자가 높을수록 배경 흐림 정도는 강해집니다. DSLR처럼 렌즈 초점거리를 변경하는 방식이 아니지만 피사계심도 조절 효과가 나타납니다. 하지만 흐림 정도가 상황에 따라서 어색한 것이 보입니다. 인물 사진 모드는 인물 반신을 넘어 너무 가깝거나 전신사진은 효과가 떨어집니다.

인물 사진 모드 배경효과 중 피사계심도에 중요한 '블러' 배경효과를 알아보도록 하겠습니다. 조리개를 개방해서 피사계심도를 얇게 했을 때 선명한 피사체를 제외한 뒤 배경이 흐려지거나 배경의 빛이 빛망울이 되는 현상을 일본말로 보케라고 합니다. 빛망울은 빛이 동그랗게 망울져 보이는 현상을 말합니다. 피사계심도가 얕아서 배경이 흐려질수록 빛망울은 더욱 예쁘게 나옵니다. 블러의 원래 의미는 움직이는 피사체를 느린 셔터스피드로 촬영했을 때 사진이 흔들리는 것을 말합니다.

컬러포인트 배경효과는 강조하고자 하는 주피사체의 주변을 어둡게 처리하는 비네팅 효과입니다. 주피사체 주변이 어두워져서 주피사체에 시선이 더 집중하게 되고 돋보이게 됩니다. 위쪽 맨 오른쪽 마술봉을 누르면 '피부를 부드럽게' 조절할 수 있습니다. 배경효과와 피부를 부드럽게 하는 것은 강도를 각각 조절할 수 있습니다. 야간에는 야간 인물사진 모드를 켜서 저조도에서 인물 사진을 밝고 환하게 촬영할 수 있습니다.

인물사진/블러효과

인물사진/스튜디오 효과

인물사진/모노효과

인물사진/피부 부드럽게

인물 사진 모드로 촬영한 후에도 배경효과를 변경하고 효과 강도를 조절할 수 있습니다. 갤러리에서 인물 사진 모드로 촬영한 사진을 열어 '배경효과 변경'을 누릅니다. 원하는 배경효과를 선택하고 조절바를 이용해 효과 강도를 조절합니다.

3 _ 아이폰 인물 사진 모드

아이폰도 인물 사진 모드를 선택해서 갤럭시의 인물 사진 모드와 같은 효과를 낼 수 있습니다. 인물 사진 모드로 사람을 촬영할 경우 반신을 넘어 전신으로 가면 효과가 떨어집니다. 음식사진처럼 가까이 촬영하는 것도 인물이 배경에 묻혀 안 좋습니다. 1~1.5m 떨어진 반신 정도의 인물 사진이 가장 효과가 좋습니다. 인물 사진 모드이지만 음식사진이나 아웃포커스 하고 싶은 피사체를 촬영할 때도 사용합니다.

스마트폰 카메라에서 인물사진 모드를 선택합니다. 인물 사진 모드에서 줌은 1배에서 3배까지 지원합니다. 아이폰 인물사진도 기능이 다양해져서 플래시, 노출 조절, 타이머, 필터, 조명, 심도조절 기능을 지원합니다. 기능 중에서 DSLR같은 피사계심도 효과를 낼 수 있는 심도조절과 조명효과를 살펴보겠습니다.

심도조절 기능

아이폰의 심도조절 기능은 갤럭시 인물 사진 모드의 블러 배경효과와 같은 기능입니다. 조리개를 개방했을 때 주피사체는 선명하고 배경이 흐려지는 효과를 주거나, 조리개를 조여 전경부터 뒤 배경까지 전부 선명하게 나오는 피사계심도 조절 효과 기능입니다. 인물사진을 촬영할 때 설정할 수도 있고 촬영한 사진을 편집할 때 변경할 수도 있습니다. 인물사진 모드 화면을 눌렀을 때 나타나는 아이콘 중 오른쪽 가장 위 'ⓕ'입니다. ⓕ를 눌렀을 때 나타나는 조절바를 이용 조리개 f1.4부터 f16까지 조절할 수 있습니다.

피사계심도에서 배웠듯이 조리개를 많이 열수록(f 수치가 작을수록: f1.4 방향) 피사계심도는 얕아지고 조리개를 조일수록(f 수치가 높을수록: f16 방향) 피사계심도는 깊어집니다. F값이 작으면 배경 흐림 정도는 강해지고 F값이 높으면 전경부터 뒤 배경까지 초점이 맞는 범위는 넓어진다는 말입니다.

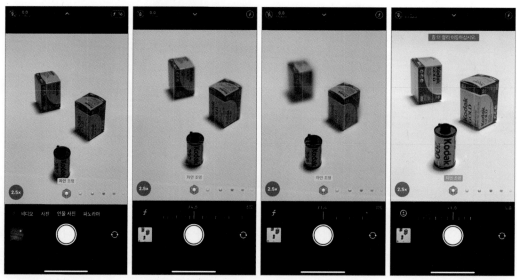

| 그림 1 인물사진 모드 | 그림 2 조리개 f4.5 | 그림 3 조리개 f1.4 | 그림 4 EV값 수동조절 |

아이폰에서는 앞에서 배웠던 EV(Exposure Value)를 인물 사진 모드에서도 사용가능합니다. 우측 상단 왼쪽 세 번째에 있는 조절바를 눌러서 수동으로 조절 가능합니다. 앞의 예시 사진에서 어두웠던 필름통이 EV값을 +1로 조절했을 때 훨씬 밝아진 것을 확인할 수 있습니다(그림 4).

인물 사진 조명 효과

심도조절 기능과 함께 조절할 수 있는 기능이 5가지 인물 사진 조명 효과입니다. 이중 자연조명 효과가 인물과 배경이 분리되고 배경 흐림 정도를 조절할 수 있습니다. 다른 조명효과는 피사계심도를 조절한다는 것보다 인물 사진에 특화된 조명 효과입니다. 윤곽 조명은 제품사진이나 음식 사진을 촬영할 때 효과적인 조명법입니다.

• 자연 조명 : 얼굴에 초점이 잡히며 배경은 흐리게 처리되어 대비가 됩니다. 조명효과를 선택한 후 화면 지시에 따라 구도를 잡습니다. 자연조명 효과와 함께 심도조절 기능을 사용하면 DSLR 같은 사진을 촬영할 수 있습니다.

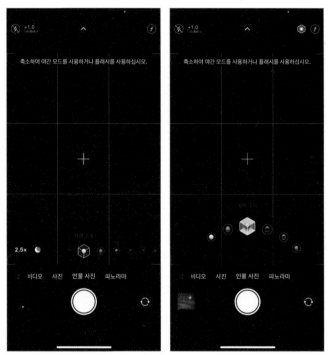

11

강렬한 느낌의 사진을 만들 수 있는 풍경 사진, HDR 모드

HDR 기능은 High Dynamic Range의 약자로 밝고 어두운 정도를 표현하는 기능입니다.

HDR 기능은 어두운 부분과 밝은 부분의 차이를 살려서 선명한 사진을 만듭니다. 사람의 눈은 가장 밝은 곳과 가장 어두운 곳의 차이를 극복하고 잘 볼 수 있습니다. 하지만 카메라는 어두운 곳과 밝은 곳의 평균치를 내서 노출을 결정하기에 노출차가 심해집니다. 가장 어두운 곳과 가장 밝은 곳의 차이를 극복하고 선명하고 디테일한 사진을 촬영하려면 HDR 기능이 필요합니다.

스마트폰 카메라에서 여러 장의 사진을 촬영해 노출이 부족한 곳에서는 밝은 부분에서 가져옵니다. 노출이 과한 곳에서는 어두운 부분에서 가져와 사진을 한 장으로 합성합니다. 한 장의 사진에 카메라가 표현할 수 없었던 가장 밝은 곳과 가장 어두운 곳의 디테일이 살아나는 것입니다. 다양한 밝고 어두운 부분을 사람이 보는 것과 거의 비슷하게 보여 주는 것입니다. 어두운 실내나 명암 차이가 큰 야외 풍경, 피사체가 해를 등지고 있는 역광 상황이나 야간에 HDR 사진 효과가 큽니다.

HDR 미적용 사진　　　　　　　　　　　　　　　HDR 적용 사진

　스마트폰의 HDR 효과는 후보정을 했을 때 보다는 극적인 효과를 보기는 어렵습니다. 카메라에 자동으로 HDR 효과를 맡기지 말고 수동조절하면 어느 정도의 극적 효과가 가능합니다. 풍경 사진이 노출 차이가 심한 경우 이를 극복하고 색과 명암을 살리려면 HDR이 답입니다. 더욱 효과를 보려면 RAW 포맷으로 촬영해서 후보정하는 것이 좋습니다. 또한 사진을 촬영할 때 기본모드와 HDR 모드 두 장 촬영하는 것을 추천합니다. 보는 사람마다 선호도의 차이도 있고 표현하는 방식의 차이도 있기 때문입니다.

HDR 적용 전　　　　　　　　　　　　　　　　　HDR 적용 후

HDR 적용 전   HDR 적용 후

12

사진의 감성과 색을 살아나게 만드는 화이트밸런스

1 _ 화이트밸런스란 무엇인가?

디지털 카메라의 기술적인 면에서 가장 중요한 부분이 노출과 화이트밸런스라고 합니다. 노출은 조리개와 셔터스피드, ISO를 가지고 조절할 수 있는 것을 이미 배웠습니다. 그럼 화이트밸런스가 무엇인지 알아봐야 하는데 화이트밸런스를 알아보기 전에 우리는 '색온도'부터 살펴봐야 합니다. 사진은 태양빛이나 인공조명 등 다양한 빛을 다루는 예술입니다. 태양이나 인공조명 등 빛을 내거나 반사하는 물체를 '광원'이라 합니다.

광원이라고 불리는 빛은 저마다 고유의 색을 가지고 있습니다. 촛불의 따뜻한 붉은색, 동트기 전 새벽이나 해지고 난 직후의 푸른빛, 한 낮의 백색광선 등 광원은 다양한 색으로 보입니다. '색온도'는 이러한 광원들의 다양한 색을 카메라가 인식하는 빛의 상태로 알기 쉽게 수치로 표현한 것입니다. 사진에 있어서 색온도를 이해하는 것은 사진을 멋있게, 예쁘게 보이기 위해서 정말 중요합니다. 필름 느낌의 사진, 오래된 듯 색 바랜 사진, 휘황찬란한 야경의 불빛, 일출과 일몰의 충만함 등 감성표현에 중요합니다.

수없이 말했지만 사람의 눈은 너무나 대단한 존재라서 어떠한 상황에서도 물체 고유의 색을 인식합니다. 카메라도 그럴까요? 카메라는 빛의 변화를 보정하는 능력이 없기 때문에 색온도를 조절해줘야 합니다. 카메라가 색온도를 조절해서 인간의 시각이 보는 것처럼 해주는 방법은 흰색을 흰색답게 검은색을 검은색답게 보이게 하는 것입니다. 이것을 '화이트밸런스'와 '블랙밸런스'라고 합니다. 우리는 이중에서 흰색을 흰색답게 만들어주는 '화이트밸런스'에 대해 알아보겠습니다.

빛의 변화에 따른 색온도

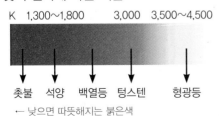

K   1,300~1,800   3,000   3,500~4,500

촛불   석양   백열등   텅스텐   형광등
← 낮으면 따뜻해지는 붉은색

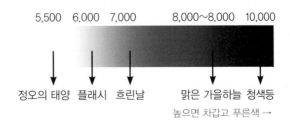

5,500   6,000   7,000   8,000~8,000   10,000

정오의 태양   플래시   흐린날   맑은 가을하늘   청색등
높으면 차갑고 푸른색 →

화이트밸런스에 중요한 색온도는 K°로 표현되고 켈빈도라 부릅니다. 사진에서 사용되는 켈빈도는 따뜻한 붉은색부터 차가운 푸른색까지의 값을 나타냅니다. 켈빈도는 수치가 낮을수록(1,000K° 방향) 붉은 빛의 따뜻한 느낌을 주는 빛이고, 수치가 높을수록(10,000K° 방향) 차가운 푸른빛을 가지게 됩니다. 다시 말해 색온도는 온도가 높아지면 푸른색, 온도가 낮아지면 붉은색을 띠게 됩니다.

화이트밸런스는 스마트폰 카메라 설정에서는 반대로 적용됩니다. 카메라 색온도를 낮게 설정하면 푸른색 사진이, 높게 설정하면 붉은색 사진이 촬영됩니다. 여기서 많은 오류들을 범하는데 빛의 색온도는 낮으면 붉은색, 높으면 푸른색이지만 화이트밸런스 설정은 반대로 조절합니다. 이유는 어린 시절 배웠던 빛의 삼원색 보색개념 때문입니다. 학창시절 미술시간에 빛의 삼원색은 빨강, 초록, 파랑이며 삼원색을 모두 합치면 흰색이 된다는 것을 기억하세요?

색온도 5,600K

색온도 1,800K

색온도 10,000K

빛의 삼원색은 서로 상반되는 위치에 있는 색을 보색이라 하고 이 색을 섞으면 흰색이 됩니다. 파랑의 보색은 노랑이고 두 색을 혼합하면 흰색이 됩니다. 이 원칙을 기준으로 색온도가 낮은 붉은색을 표현하려면 보색인 푸른색의 높은 색온도를, 색온도가 높은 푸른색을 표현하려면 보색인 노랑계열의 낮은 색온도 쪽으로 화이트밸런스를 조절하면 됩니다. 색상 반대쪽에 있는 보색을 가지고서 흰색을 만들기 때문에 화이트밸런스 조절은 색온도와 반대로 생각하면 됩니다. 사진에 중요한 색상은 Part3 에서 다시 정확히 말씀 드리겠습니다.

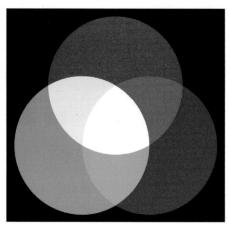

빛의 삼원색 _ 출처: 위키백과

화이트밸런스를 알아보려는데 색온도 수치와 광원 등 많이 복잡합니다. 신경 쓸 것 없습니다. 우리는 화이트밸런스는 '사진이 어떤 빛에서도 사람이 보는 것과 같이 사물 고유의 색 그대로 보이도록 흰색을 흰색답게 표현하는 것'이란 것만 알면 됩니다. 색온도를 먼저 알면 화이트밸런스를 내가 마음대로 조절할 수 있기 때문에 알아둬야 하는 것입니다. 필름카메라 시절에는 각 색온도마다 필터를 따로 사용했었지만 이제는 간단한 조작으로 화이트밸런스를 맞출 수 있습니다.

2 _ 스마트폰 카메라 화이트밸런스 조절하기

갤럭시 화이트밸런스 조절

먼저 간단한 방법으로 조절하는 것을 알아보겠습니다. 카메라 화면에서 우측 맨 위의 '요술봉' 아이콘을 선택합니다. 위쪽에 필터와 마이 필터, 얼굴의 메뉴가 보입니다. 원본, 따스한, 차분한, 롤리, 겨울 등 다양한 필터가 나옵니다. 앞쪽에 있는 필터들이 가장 기본적인 색온도가 적용된 것이라고 볼 수 있습니다. 각각의 필터들은 바로 밑의 조절바를 이용해 강도를 조절할 수 있습니다.

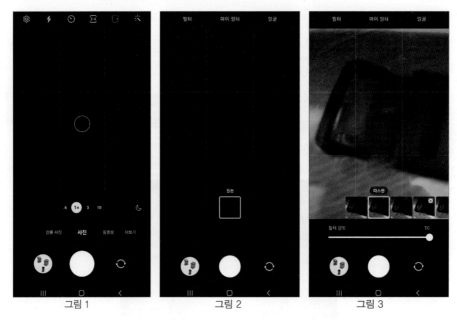

그림 1 그림 2 그림 3

　'마이 필터'는 기본적으로 제공되는 필터 외에 내가 촬영한 사진으로 만들 수 있습니다. 원본 옆의 '+'버튼을 누르면 촬영한 사진 중에서 필터로 사용할 사진을 등록할 수 있습니다(그림 4). '얼굴'은 인물 사진 촬영할 때 인물을 '부드럽게, 피부톤, 턱선, 눈 크기 조절' 등을 할 수 있습니다(그림 5).

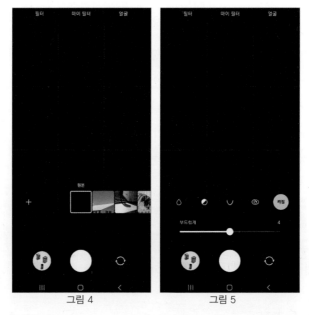

그림 4 그림 5

　카메라 모드에서 더 보기를 눌러 '프로 모드'를 선택합니다. 스마트폰 카메라 아래쪽 맨 우측 아이콘인 'WB'를 누릅니다. 조절바가 나타나며 화이트밸런스를 2,300K°(캘빈도)부터 10,000K°까지 직접 조절할 수 있습니다. 화이트밸런스 수치가 낮을수록(2,300 방향, 그림 6) 푸른빛이 도는 사진이 됩니다. 수치가 높을수록(10,000 방향, 그림 8) 붉은빛이 도는 사진이 됩니다. 화이트밸런스의 기준은 한 낮의 태양광인 5,600K°(그림 7)입니다.

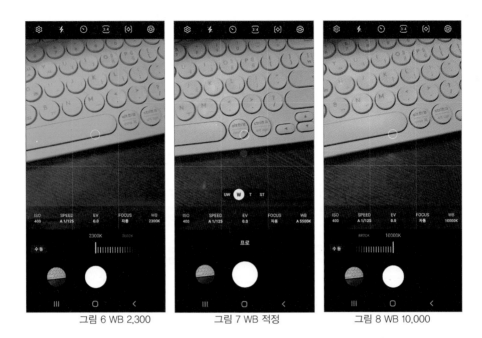

| 그림 6 WB 2,300 | 그림 7 WB 적정 | 그림 8 WB 10,000 |

아이폰 화이트밸런스 조절

아이폰은 기본 카메라에서 화이트밸런스를 조절할 수 없습니다. 스마트 HDR 기능과 AI가 자동으로 화이트밸런스를 조절해서 풍부한 색감을 표현한다고 설명하고 있습니다. 그나마 화이트밸런스 조절과 비슷한 것은, 갤럭시의 필터와 비슷한 아이폰의 필터 기능입니다. 카메라 화면의 위쪽 가운데 있는 '∧'를 누르면 여러 가지 설정을 할 수 있는 메뉴가 나옵니다. 맨 우측에서 두 번째 '필터(동그라미 세 개)'를 누르면, 선명하게(따뜻한 톤과 차가운 톤), 드라마틱(따뜻한 톤과 차가운 톤)등이 나옵니다. 이 필터가 일종의 화이트밸런스와 같다고 보시면 됩니다.

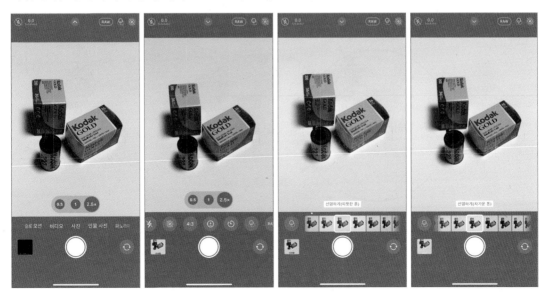

⌐13

앵글은 사진의 분위기와 느낌, 촬영자의 의도를 나타내는 사진 촬영 각도다

1 _ 앵글의 의미

사진에서 말하는 앵글은 한 마디로 촬영하는 각도, 즉 카메라의 각도입니다. 앵글은 피사체와 카메라(촬영자)와의 관계를 나타냅니다. 앵글은 피사체를 바라보는 차이에 따라 인물이나 풍경의 느낌이 완전히 달라집니다. 앵글이 눈높이에 있는지 바닥에 있는지, 아니면 머리위에서 촬영하는지에 따라 피사체의 모양이나 느낌 등은 완전히 달라집니다. 항상 촬영하는 각도가 아닌 새로운 각도, 새로운 시선이 남다른 사진을 만듭니다.

일상적이거나 과장된 인물표현, 왜소하거나 귀엽게 느껴지는 인물표현, 위협적이거나 위엄을 느끼게 하는 인물표현 등 의도적으로 내 마음대로 나타낼 수 있습니다. 인물 사진에만 적용되는 것은 아니지만 인물 사진 위주로 알아보겠습니다. 또한 앵글에 영향을 주는 중요한 요소는 촬영 각도와 더불어 '빛의 방향'입니다. 빛의 중요성은 Part4에서 자세히 다루기로 하고 여기서는 피사체를 바라보는 촬영 각도를 살펴보겠습니다. 카메라 앵글은 피사체를 바라보는 '촬영 각도'라는 것을 항상 기억하세요.

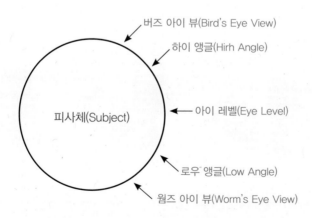

2 _ 앵글의 종류

앵글은 위의 그림에서 보듯이 다섯 가지의 종류로 나뉩니다. 우리가 가장 많이 사용하는 내 눈높이 아이레벨과 그보다 높은 촬영 각도인 버즈아이 뷰와 하이 앵글, 그리고 눈높이보다 낮은 촬영 각도인 로우 앵글과 웜즈 아이 뷰가 있습니다. 앵글은 사진이 잘 나오는 방향과 각도를 찾는 일입니다. 촬영 각도에 따라 사람들의 시선을 사로잡는 방법이 다르니까 하나씩 알아보겠습니다.

버즈 아이 뷰(Bird's Eye View)

버즈 아이 뷰는 사람의 시선 보다 높은 머리 위에서 촬영하는 앵글입니다. 새가 바라본다고 해서 버즈 아이 뷰라고 불립니다. 주로 음식사진을 촬영할 때 많이 쓰이는 방법입니다. 인물 사진을 촬영할 때 사용하면 인물보다 주변 환경을 더욱 강조하게 되어 독특한 느낌을 주게 됩니다. 버즈 아이 뷰 인물 사진은 촬영 각도를 약간 비틀어 45° 정도로 하면 느낌이 더욱 강해집니다.

버즈 아이 뷰   버즈 아이 뷰

하이 앵글

하이 앵글은 피사체를 위에서 내려다보면서 촬영하는 앵글을 말합니다. 촬영하는 인물 얼굴을 클로즈업하거나 인물 표정을 담아내는데 좋은 앵글입니다. 하지만 인물을 짓누르는 듯한 느낌을 줄 수 있고, 인물의 얼굴이 크게 나와 왜곡되어 보일 수 있습니다. 귀엽고 발랄한 인물, 약하거나 왜소한

인물을 표현할 때 사용되는 앵글입니다. 인물의 눈이 크게 표현되어 셀프카메라 얼짱 각도에도 자주 사용됩니다. 운동감이 느껴지지 않아 다소 평면적인 느낌을 줄 수도 있습니다.

아이 레벨

아이 레벨은 말 그대로 촬영자가 서있는 상태로 피사체를 바라보는 눈높이를 말합니다. 사람은 심리적으로 항상 안정적인 것을 추구하기 때문에 아이 레벨이 가장 보편적입니다. 눈높이에서 보는 것이라서 편안하고 안정적이지만 평범하게 느껴지는 사진이 될 수도 있습니다. 풍경 사진이나 인물 사진 어느 상황에서도 어색하지 않고 조화가 잘 됩니다.

로우 앵글

로우 앵글은 사람의 시선보다 낮은 아래에서 피사체를 올려다보며 촬영하는 앵글입니다. 촬영하기 불편한 각도지만 움직임을 강하게 하거나 크고 웅장한 느낌을 주는 촬영 각도입니다. 인물 사진 촬영을 할 때 다리가 길어 보이고 얼굴이 작게 나오는 효과가 있습니다. 자신감 있는 프로필이나 선거용 인물 사진, 운동감이 느껴지는 스포츠 사진에 사용됩니다. 희망적이고 밝고 웅장한 느낌을 주기 때문에 풍경 사진에 많이 쓰이기도 합니다.

로우 앵글 풍경   로우 앵글 인물

웜즈 아이 뷰

웜즈 아이 뷰는 말 그대로 벌레가 바라보는 듯한 앵글을 말합니다. 일부에서는 익스트림 로우 앵글이라고 불리기도 하는데 피사체를 극단적으로 낮은 위치에서 바라보는 것입니다. 자주 쓰이는 앵글은 아니지만 어린 아이의 사진이나 애완동물을 촬영할 때 사용하면 좋습니다. 풍경 사진에서 역광 상태의 꽃을 촬영하면 신비한 느낌의 사진이 됩니다. 나무가 우거진 숲속에서 하늘을 올려 보면서 촬영하면 웅장함을 더하기도 합니다.

웜즈 아이 뷰

　앵글은 항상 바라보던 익숙함에서 벗어나 새로운 시각을 찾는 방법입니다. 한 곳에서만 촬영하던 습관을 버리고 다양한 각도를 찾아야 합니다. 피사체 주위를 돌면서 살펴보면 보이지 않던 새로운 느낌이 보이고 새로운 앵글을 찾게 됩니다. 내가 촬영하는 앵글이 항상 좋은 것이 아니라 또 다른 멋진 앵글이 존재할 수 있는 것입니다. 어떤 앵글이 최고로 좋은 앵글이라는 공식은 없습니다. 다양한 방법으로 피사체를 살펴보고 제일 좋은 앵글을 찾는 것이 최선입니다.

14

이쯤에서 알아보는 초보자를 위한 사진 용어 정리

용어	설명
노출(Exposure)	사진의 중요한 요소인 빛의 양을 조절하는 것을 말합니다. 노출이 부족하면 사진이 너무 어둡게 나오고 노출이 심하면 사진이 지나치게 밝게 나옵니다. 셔터스피드와 조리개, ISO 등 세 가지 요소에 따라 노출이 결정됩니다. 스마트폰 카메라는 대부분 조리개가 고정되어 있어 셔터스피드와 ISO로 노출을 조정합니다.
적정 노출	촬영하는 피사체가 가장 알맞은 밝기로 촬영된 것을 적정노출이라 합니다. 적정 노출보다 어두운 상태를 '노출 부족', 적정 노출보다 밝은 상태를 '노출 과다'라 합니다.
브라케팅(Bracketing)	정확한 노출 측정이 어려운 상황이거나 밝은 곳과 어두운 곳의 차이가 클 때 노출 실패를 방지하려고 동일한 장면을 여러 장 촬영하는 것을 말합니다. 스마트폰 카메라에서는 브라케팅을 HDR 기능에서 사용하고 있습니다.
노출보정	카메라가 측정하는 평균적인 노출을 벗어나서 밝은 것은 더욱 밝게, 어두운 것은 더욱 어둡게 하는데 노출 보정을 사용합니다. 0을 기준으로 –방향으로 내릴 경우 사진이 어두워지고, +방향으로 올릴 경우 사진이 밝아집니다.
AE	자동 노출
AF	자동 초점
AE/AF 잠금	자동 노출과 자동 초점을 고정하는 것입니다.
조리개(Aperture)	조리개는 조리개 구멍 크기를 통해 빛을 받아들이는 양을 조절합니다. F로 표시되는 조리개 값에 따라 빛의 양이 달라집니다. F수치가 낮을수록(F1.4 방향) 빛의 양이 많아지고 F수치가 높을수록 (F16,F32 방향) 빛의 양이 줄어듭니다.
셔터스피드(Shutter Speed)	셔터스피드는 셔터가 열려있는 시간입니다. 조리개가 빛의 양을 물리적으로 조절한다면 셔터스피드는 빛의 양을 시간적으로 조절합니다. 1/250, 1/500, 1/1,000초의 빠른 셔터스피드는 움직이는 물체를 정지 상태로 만듭니다. 1/30, 1/15, 1/4초의 셔터스피드는 움직임이 사진에 그대로 나타납니다.
SO	ISO는 International Organization for Standardization의 약자로 이미지 센서가 빛을 받아들이는 민감도를 숫자로 나타낸 것을 말합니다. 어두운 곳에서 400, 800, 3200등 ISO값이 높아지면 적은 빛으로도 촬영이 가능합니다.
이미지 센서	이미지 센서는 카메라 필름 역할을 하는 것으로 촬영된 피사체 정보를 전기적인 영상신호로 바꿔주는 장치입니다. 이미지 센서로 인해 사진을 촬영한 후 바로 확인할 수 있습니다. 이미지 센서 크기가 스마트폰 카메라의 화질을 좌우합니다.
노이즈	빛이 부족하거나 어두운 곳에서 ISO를 높여서 촬영했을 때 사진에 불규칙한 점들이 나타나 사진의 화질을 떨어지게 하는 현상

색온도(Color Temperature)	다양한 빛의 색을 온도로 표현한 것. K°(켈빈도)로 표현되는 수치가 낮을수록 따듯하고 붉은색을 띠며, 수치가 높을수록 차갑고 푸른색을 띤다. 카메라에서 조절할 때는 보색의 개념이 들어가서 수치가 높을수록 붉은색이 수치가 낮을수록 푸른색이 된다.
WB(White Balance)	디지털 카메라가 흰색을 흰색으로 표현해주는 기능을 말합니다. 화이트밸런스는 카메라가 색온도를 조절해서 사람의 시각과 비슷하게 보이도록 만들어주는 것입니다.
보색(Complementary Color)	보색은 일반적으로 서로 반대되는 색으로 알고 있지만, 정확한 뜻은 미술의 색상환에서 나타나는 반대 위치상의 색상을 보색이라 합니다.
RGB	빛의 3원색인 빨강(R), 녹색(G), 파랑(B)을 말하며 모두 합치면 흰색이 됩니다.
AWB	자동으로 화이트밸런스를 조절하는 기능입니다.
DPI	프린터로 출력할 때, 사진이나 그림 등을 스캔 받을 때 등의 사진 해상도를 조절하는 단위입니다. DPI가 높을수록 해상도도 높아집니다.
F값	렌즈가 빛을 받아들이는 정도와 개방 정도를 수치로 표현한 것입니다. 수치가 낮을수록 밝고 많이 열리며, 수치가 높을수록 빛이 작게 들어옵니다.
피사계심도(Depth of Field)	피사계심도란 사진에서 선명하게 보이는 부분의 앞에서부터 뒤까지의 거리를 말합니다. 피사계심도에 영향을 미치는 중요한 요인이 '조리개 개방 정도'입니다. 조리개 개방에 따라 사진에서 초점이 맞는 범위는 개방 정도를 나타내는 F값이 낮을수록(조리개가 개방될수록) 초점이 맞는 영역이 좁아지며 F값이 커질수록(조리개를 조일수록) 초점이 맞는 범위가 넓어집니다. 피사체는 초점이 맞지만 배경이 흐릴 경우는 피사계'심도가 얕다' 입니다. 피사체와 뒷배경까지 모두 초점이 맞아 사진이 선명한 경우는 피사계'심도가 깊다' 입니다. 조리개를 많이 열수록 피사계심도는 얕아지고 조리개를 조일수록 피사계심도는 깊어집니다.
아웃포커스(Out of Focus)	주제가 되는 피사체를 강조하기 위해 조리개를 개방해서 배경을 흐리게 하는 방법입니다. 피사계심도가 얕다고 표현합니다.
팬포커스(Pan Focus)	조리개를 조여서 전경의 피사체와 뒷배경 전체가 선명하게 보이는 것입니다. 피사계심도가 깊다고 표현합니다.
JPG,JPEG	디지털 카메라에서 가장 많이 쓰이는 그림파일 포맷. 압축률이 높고 이미지 손실이 적어 가장 일반적으로 사용되고 있습니다. 이미지를 압축해서 보여주는 방식이라 압축률이 높을수록 용량은 줄어들고 화질은 떨어집니다.

RAW	RAW의 뜻 그대로 '날 것', 즉 '가공하지 않은 원본 파일'입니다. JPEG 파일보다 더 많은 데이터와 색 정보를 가지고 있어서 후보정을 생각하는 사진에 좋은 포맷입니다.
SLR(Single Lens Reflex)	일안리플렉스라고 합니다. 필름카메라에서 쓰이는 말로 렌즈를 통해 들어 온 이미지가 거울을 통해 화면에 비치는 것을 말합니다. 촬영되는 장면이 그대로 보이는 것이 장점입니다. 촬영할 때 거울이 위로 올라가는 현상으로 카메라가 떨릴 수 있습니다
DSLR(Digital Single Lens Reflex)	디지털일안리플렉스입니다. 필름 카메라가 디지털 카메라로 전환하면서 일안리플렉스의 기능을 디지털로 바꾼 것입니다.
초점거리(Focal Length)	이미지 센서에서 렌즈 중심부까지 거리를 말합니다. 초점거리에 따라 화각이 결정됩니다. 초점거리가 짧은 것이 광각, 초점거리가 길수록 망원입니다. 스마트폰에서는 렌즈 초점거리를 바꿀 수 없어서 광각, 표준, 망원 등의 다양한 렌즈를 장착합니다.
화각(Angle)	화각, 앵글은 한 마디로 촬영하는 각도, 즉 카메라의 각도입니다. 피사체를 촬영하는 각도에 따라 눈높이 아이레벨과 그보다 높은 촬영 각도인 버즈아이 뷰와 하이 앵글, 그리고 눈높이보다 낮은 촬영 각도인 로우 앵글과 웜즈 아이 뷰가 있습니다.
화소(Picture Element), 픽셀	픽셀은 이미지를 구성하는 최소단위, 점을 말합니다. 화소의 많고 적음이 해상도, 사진 화질에 영향을 줍니다.
해상도(Resolution), 화질	사진이나 화면에 나타나는 이미지가 얼마나 섬세하게 표현되었나 하는 정도를 표현하는 말입니다. 가로, 세로에 들어가는 픽셀개수를 기준으로 픽셀 개수가 많을수록 해상도, 화질이 높다고 하고 픽셀 개수가 작을수록 해상도, 화질이 나쁘다고 표현합니다.
선예도(Sharpness)	선예도란 사진이 선명하게 보이는 정도를 말합니다. 초점이나 색상, ISO에 영향을 받습니다.
하이라이트(Highlight)	사진에서 밝은 부분을 말합니다.
쉐도우(Shadow)	사진에서 어두운 부분을 말합니다.
계조(Gradation)	가장 밝은 부분부터 가장 어두운 부분까지를 표현하는 단계를 말합니다. 계조가 풍부할수록 사진은 더욱 자연스러워지고 화질이 좋다고 말합니다.
콘트라스트(Contrast)	밝은 곳과 어두운 곳의 차이를 콘트라스트라고 하며 대비를 말합니다. 가장 밝은 곳과 어두운 곳의 밝기 차이에 따라 콘트라스트가 강하다 약하다고 말합니다.
플레어(Flare)	사진을 촬영할 때 빛이 들어와 이미지가 뿌옇게 되는 현상을 말합니다. 강한 빛이 직접 카메라에 들어와서 생기는 현상으로 스마트폰 카메라 윗부분을 손으로 가리면 발생을 줄일 수 있습니다.

더 많은 사진에 관련된 용어 사전은 아래에 링크로 표시 했습니다.

※ 사진 용어 사전

사진 용어 사전 사이트	바로가기 QR 코드
http://www.cameralink.co.kr/01.htm	

파트 3에서는 사진 구도라고 알려져 있는 사진 디자인에 대해서 알아보는 장입니다. 구도의 의미와 종류, 사진에서 디자인 요소의 활용 및 색에 대한 이해 등을 담았습니다.

PART 03

좋은 사진을 만드는 구도와 디자인

15

구도란 무엇이고 왜 필요한가?

　사진을 잘 찍으려면 구도를 잘 잡아야 한다, 구성이 좋아야 한다는 말을 합니다. 구도가 무엇인지, 더 나아가 구성이 무엇인지 물어보면 많은 대답이 돌아옵니다. 구도란 무엇일까요? 구도는 미술에서 나온 것으로 '그림에서 모양, 색깔, 위치 등의 짜임새'를 말합니다. 회화의 구도가 사진에서는 구성 요소인 빛과 색, 조화와 원근법등을 한 장의 사진 안에 안정감 있게 배치하는 것을 말합니다. 주제가 되는 피사체를 의도대로 한 장의 사진 안에 구성하는 것입니다.

　사진 구도는 눈으로 본 것을 그대로 표현해 내는 것이 아닙니다. 내 의도대로 나름 새로운 세상을 만드는 과정입니다. 단순하게 사진을 만드는 중요 요소들을 조화롭게 배치하는 것에 한정되지 않습니다. 촬영자가 강조하려는 주제에 사람들의 시선이 머물게 하는 것입니다. 이런 의미로 사진은 단순하게 찍는 것이 아니라 창조하는 것이라고 합니다. 특히 자동으로 모든 것이 처리되는 스마트폰에서는 구도가 중요한 부분입니다. 다음 예제 사진에서 같은 앵글이지만 구도의 차이가 어떤 느낌을 내는지 살펴보세요.

우도

1 _ 구도의 기본 조건

구도는 내가 보고 있는 것과 내가 보여주고자 하는 것의 차이를 극복하는 방법입니다. 구도는 미술에서 발전했지만 회화와 사진 구도는 많이 다릅니다. 회화에서는 구도를 먼저 잡고 구성요소들을 캔버스에 채워가는 방식입니다. 사진은 피사체인 주제를 중심으로 원하는 부제들을 배치하는 방식입니다. 사진 구도는 한 장의 사진 안에 내가 원하는 의미를 모두 담아야 합니다.

사진 구도나 사진 구성이라고 말하면 어딘지 이론적이고 어려워 보입니다. 하지만 그렇게 걱정할 필요는 없습니다. 우리는 이미 오래전부터 멋진 그림이나 사진, 영화 속 장면 등을 통해서 구도에 익숙해져 있기 때문입니다. '이런 장면이 이런 구도구나' 라고 가볍게 생각하면 됩니다. 또한 좋은 사진을 만드는데 구도가 중요하지만 절대적인 것은 아닙니다. 구도에 맞춰 열심히 촬영하다 보면 나만의 창의적인 구도가 만들어지기 때문입니다.

주제를 살리고 사진 구도를 돋보이게 하는 기본 조건은 세 가지가 있습니다.

첫째, 배치를 조화롭게 해야 한다

단순한 기록이 아닌 주제인 피사체와 배경이 가장 잘 어울리는 배치를 찾아야 합니다. 주제와 부제들을 늘어놓는 것이 아니라 사진을 보는 사람들이 내가 전하고자 하는 의미를 정확히 알 수 있도록 배치를 하는 것을 말합니다. 선택 하는 것과 조화롭게 배치하는 것이 구도의 첫 번째 기본 조건입니다. 구도는 사진이라는 건물을 완성하는 기초 공사입니다.

파주 출판단지

둘째, 주제가 되는 피사체를 확실하게 표현해야 한다

주제는 촬영자가 의도하고 보여주고 싶은 피사체입니다. 인물이 될 수도 있고 다른 대상들이 될 수도 있습니다. 주제를 확실하게 표현하려면 주제를 제외한 소재들을 이용해서 주제를 드러내는 방법을 연습해야 합니다.

인천 우각로

즉, 화면 안에 있는 요소들을 주제를 가장 잘 표현하는 구도로 배치해야 합니다. 주제를 확실하게 표현할 때 주의할 사항은 배경 선택과 색상의 조화, 그리고 밝기 차이입니다. 이 부분은 책의 다음 부분에서 계속 설명하겠습니다.

셋째, 화면을 단순하게 처리해야 한다

주제를 살리고 사진 구도를 돋보이게 하려면 화면을 단순하게 만들어야 합니다. 단순한 화면 구성이 촬영자가 말하고 싶은 주제를 확실하게 나타냅니다. 배경을 단순하게 만들면 시각적으로 커다란 효과를 가져 옵니다. 색상 대비나 빛의 명암 차이를 이용해 주제를 더욱 드러나게 할 수도 있습니다. 단순한 사진화면 구성이 주제를 더욱 살리는 방법입니다. 가능한 필요 없는 것들을 빼고 사진을 단순하게 만들어야 합니다.

인천 송도   카페 '위켄드'

2 _ 스마트폰 사진을 위한 구도

스마트폰 카메라도 멋진 사진이나 예술 사진을 촬영할 수 있습니다. 주제를 드러내는 구도에 대해서 한 번 더 생각하고 촬영하면 됩니다. 그리고 다음과 같은 것들을 생각하면서 촬영하면 됩니다.

사진의 시작은 프레임이다

프레임은 회화의 캔버스와 같은 직사각형의 틀인 사진 화면입니다. 사진의 시작은 프레임을 정하는 일부터 시작됩니다. 어디서부터 어디까지 보여줄 것인지 범위를 정하는 일입니다.

스마트폰 사진은 수평과 수직만 잘 맞춰도 50% 이상은 성공

항상 스마트폰 화면 안내선(격자선, 그리드)을 켜서 수평과 수직을 맞추는 연습이 필요합니다. 스마트폰 화면을 가로, 세로로 삼등분하는 안내선을 사용해서 피사체를 완벽하게 배치할 수 있습니다.

사진을 촬영하기 전에 먼저 완벽한 구도를 고민해야 한다

보이는 대로 셔터를 누르는 것이 아니라 주제가 확실하게 드러나는 구도를 찾아야 합니다. 주변의 산만한 것들과 주제에서 시선을 벗어나게 하는 배경을 제외해야 합니다. 다양한 장면을 머리 안에서 그린 후 셔터를 눌러야 합니다.

인천 우각로

배경에도 신경 써야 한다

스마트폰 사진 구도는 단순하게 피사체를 배치하는 것으로 끝나지 않습니다. 피사체를 돋보이게 하는 완벽한 배경을 찾는 것도 중요합니다. 완벽한 배경이란 단순하고 깔끔하며 색상이 주제를 덮어버리지 않는 것입니다. 스마트폰의 인물 사진 모드나 프로모드를 활용해서 배경을 흐리게 하는 것도 좋습니다. 배경을 흐리게 함으로써 주제인 피사체가 더욱 돋보이기 때문입니다. 피사체에 가까이 다가가는 것도 방법입니다.

인천 구도심

포천 보광사

사진 속의 색상에 따라 사진의 느낌이 변한다

사진 속에 있는 색은 감정을 표현하는 강력한 수단입니다. 촬영자가 원하는 색을 더욱 돋보이게 해서 의도를 강조할 수 있습니다. 주제인 피사체와 보색 관계의 색을 더해 주제를 더욱 강조할 수도 있습니다. 사진 구도에서 색은 아주 중요한 요소 중 하나입니다. 색의 이미지와 성격, 색상별 강조점은 다음 장에서 자세하게 다루겠습니다.

피사체의 앞부분인 전경과 뒷부분인 원경을 잘 이용해야 한다

사진은 3차원의 세상을 2차원의 이미지로 보여주는 것입니다. 2차원의 이미지에 입체감을 주는 방법은 주제인 피사체 앞과 뒤에 뭔가를 넣어주는 것입니다. 특히 주제 앞쪽에 위치한 흥미로운 요소들은 주제인 피사체를 더욱 돋보이게 해줍니다. 전경에 위치한 요소들이 보는 사람의 시선을 사진 뒷부분까지 이끌어 입체감을 살리게 됩니다.

제주도   인천 우각로

사진 속에 존재하는 다양한 선을 찾아야 한다

사진 속에는 직선, 곡선, S자 형태 곡선, 대각선 등 다양한 선이 존재합니다. 이 선들을 잘 이용하면 보는 사람의 시선을 주제로 이끌 수 있습니다. 선이 이끄는 방향으로 시선이 이동하게 되어 자연스럽게 주제가 강조됩니다.

한탄강   인천 구도심

빛을 자세히 살펴봐야 한다

빛은 사진을 완성하는 가장 중요한 요소입니다. 빛이 어디에서 비추는지, 빛이 얼마나 강한지 살펴봐야 합니다. 빛의 방향성과 빛의 강도에 따라 사진의 느낌이 많이 달라지기 때문입니다. 다양한 빛을 조절하고 원하는 대로 사용하는 것이 남과 다른 사진을 만드는 방법입니다. 물론 빛은 그림자와 한 몸이라는 것을 잊지 말아야 합니다. 빛과 그림자를 잘 활용해서 의도하는 것을 표현해야 합니다.

인천 헌책방 거리

16

좋은 사진을 만드는 사진 구도 : 황금비율 사진과 구도의 정석 3분할 법칙

앞에서 구도란 무엇인지, 스마트폰에서 구도를 어떻게 사용할 것인지 알아 봤습니다. 이번 장에서는 구체적으로 구도의 종류에 대해 알아보겠습니다. 사진 촬영을 할 때 구도는 아래 제시된 종류 하나만 표현되는 것은 아닙니다. 복합적으로 다양한 구도가 한 장의 사진 안에 표현됩니다. 기본적인 구도의 종류에 대해서 알고 있어야 복합적인 구도도 표현 가능합니다. 단, 구도의 종류를 알아야 하겠지만 그 틀에 얽매이지는 말아야 합니다.

1 _ 구도의 정석 3분할 법칙

구도의 기본이며 정석인 3분할 구도는 카메라 화면(프레임)의 가로와 세로를 각각 3등분한 선을 말합니다. 가로와 세로를 3등분한 선의 교차점에 주요 피사체를 위치시키는 구도입니다. 주제인 피사체를 프레임 중간에 놓아 사진이 밋밋해지는 것을 막아주는 구도입니다. 주제를 제외한 공간이 사진의 전체적인 느낌을 안정적으로 만듭니다. 다만 3분할 구도를 맞춰 촬영한 사진들이 눈에 너무 익숙해 식상해질 수 있습니다.

3분할 구도로 촬영하면 평범하지만 안정적이고 편안한 사진이 됩니다. 사진 구도를 공부하다 보면 역사적으로 뛰어난 사진들 대부분이 3분할 구도를 기준으로 하고 있습니다. 하지만 사람들이 인정하는 사진은 3분할 구도를 벗어나 역동적이고 평범함을 거부한 사진들임을 볼 수 있습니다. 3분할 구도를 수평으로 분할했을 때는 안정적이고 정돈된 느낌을 줍니다. 3분할 구도를 수직으로 분할했을 때는 역동적이고 강렬하거나 극적인 느낌을 줍니다.

3분할 구도 사진을 쉽게 촬영하는 방법은 그리 어렵지 않습니다.

[1단계] 주제가 되는 피사체를 선이 겹치는 꼭지점 또는 점을 약간 벗어나게 위치시킵니다.
[2단계] 이때 주제가 되는 피사체의 시선이나 운동 방향을 주의해야 합니다(인물 사진에서 다룸).
[3단계] 1단계와 같이 여백을 살려도 좋은 사진이지만 사진이 평범할 경우에는 주제보다 약한 부제를 주제와 대칭되는 점에 위치시킵니다.

2 _ 안정감을 주는 황금비율 구도

황금비율, 황금분할 구도란 사진을 보는 사람이 안정감과 편안함을 느낄 수 있는 구도입니다. 표준비율이 1:1.618로 되어있어 생활에 적용된 비율은 3:5나 5:8, 8:13 등의 사이즈가 됩니다. 우리가 일상에서 쉽게 만나는 신문이나 잡지, 엽서, 신용카드, 담뱃갑, 명함 등이 황금비율로 만들어진 것입니다. 르네상스 시절의 미술, 건축 작품 등에 흔히 발견되며 이탈리아의 수학자 피보나치가 연구해서 '피보나치 수열'이라고 합니다. 3분할 법칙과 거의 흡사하지만 3분할보다 더욱 세밀하게 나누어진 것입니다.

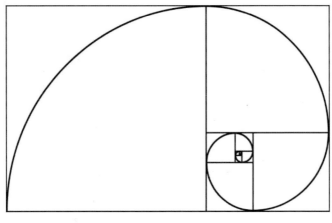

피보나치 나선, 출처 구글링

황금비율이 사진에서 어떻게 쓰이고 있고, 나는 어떻게 사용해야 할까요? 촬영하려고 하는 주제인 피사체를 정사각형이 교차하는 점이나 면을 나누는 분할선에 위치시킵니다. 주제만 덩그러니 어색해 보이지 않게, 주제를 강조하려면 부주제인 요소들을 주제와 대칭점에 놓으면 됩니다. 언뜻 보면 주제의 위치와 대칭점의 부제의 위치 등 3분할 구도와 거의 비슷합니다. 황금분할 구도는 풍경사진이나 광각으로 촬영한 사진에 효과가 큽니다.

송곡 저수지

목포 서산동 시화골목

3 _ 수평적 구도, 수직적 구도, 대각선 구도

안정감을 주는 수평적 구도

안정감을 주는 수평적 구도는 풍경 사진에서 많이 사용합니다. 사진의 중간을 가로지르는 1/2 구도나 사진 위, 아래 1/3 지점을 가로지르는 구도입니다. 중앙을 1/2로 가로지는 수평 구도는 불안한 느낌을 줄 수 있어 특별한 경우에만 사용합니다. 사진 위, 아래 1/3 지점을 가로지르는 수평 구도가 가장 많이 쓰이며 바다, 하늘, 일출이나 일몰 등을 촬영할 때 좋습니다. 수평 구도는 평온함, 고요함을 주고 안정적인 휴식 같은 느낌을 줍니다.

인천 송도 신도시

서산 용비지

깊이감을 주는 수직적 구도

안정적 수평적 구도와 달리 수직적 구도는 깊이감과 역동적인 느낌을 줍니다. 화면의 폭이 좁아 시선을 피사체로 모을 수 있습니다. 길이감과 위협적인 느낌도 함께 줍니다.

여수 엠블호텔

인천 우각로

역동적인 느낌의 대각선 구도

대각선 구도는 대각선을 이용해 운동감, 불안감, 원근감 등을 나타내는 구도입니다. 구도 종류 중 가장 역동적인 구도이며 대각선 기울기가 클수록 운동성이 커집니다. 또한 대각선 각도에 따라 보는 사람의 시선이 주제를 향해 이동합니다. 원근감을 나타내는 효과로 소실점 구도와 느낌이 비슷하지만 소실점 구도는 한 곳으로 모으는 효과가 있고, 대각선 구도는 시선의 이동을 유도하는 효과가 다릅니다.

대각선 구도

인천 숭의동

4 _ 강한 원근감의 소실점 구도

소실점 구도는 하나의 점이나 목표를 향해 강한 원근감을 나타내는 구도입니다. 터널이나 다리, 골목 길, 빌딩 숲 등에 많이 쓰이는 구도입니다. 소실점의 위치에 따라서 사진에 대한 입체감이 생기고 깊이를 느낄 수 있습니다. 소실점 구도는 3분할 기본 구도와 함께 사진에 가장 많이 쓰이는 구도입니다.

중앙포목시장

숭의청과시장

5 _ 부드러운 느낌의 S자형 구도

S자형 구도는 부드러움과 율동감을 표현할 때 많이 쓰이는 구도입니다. 구부러진 길이나 산, 계곡 등을 표현할 때 S자형 구도를 사용하면 부드러운 곡선 이미지가 깊이를 줍니다. 가까운 곳을 크게 표현하고, 먼 곳을 작게 표현해서 원근감도 나타냅니다.

우도

6 _ 삼각형 구도, 역삼각형 구도

삼각형 구도는 사진에 많이 쓰이는 기본 구도중의 하나입니다. 주로 풍경 사진이나 좌우가 대칭되는 사진에 많이 쓰이는 구도입니다. 사진의 아래쪽이 무게중심이 되므로 안정감을 줍니다. 반대 구도인 역삼각형 구도는 안정감과는 달리 불안정함을 표현하는 구도입니다. 역삼각형 구도는 운동감을 나타내기도 해서 인물 사진이나 제품 촬영에 많이 쓰입니다.

인천 동구

송도 신도시

이외의 더 세분화된 구도는 Part 5에서 다시 한 번 알아보겠습니다. 구도의 종류에 대해서 알아봤지만 반드시 이 구도로 촬영해야 한다는 법칙은 없습니다. 또 말했듯이 하나의 구도만이 사진에 적용되는 것도 아닙니다. 촬영자가 사진에서 무엇을 강조하고 무엇을 말하고 싶어하는지, 사람들의 시선을 원하는 곳으로 이끌어 낼 수 있는지가 가장 중요한 요소입니다.

17

사진 구도의 또 다른 이름: 프레이밍

1 _ 프레이밍이란 무엇인가?

프레이밍(Framing)은 사진 촬영을 할 때 피사체를 화면 안에 적절하게 배치해서 사진을 구성하는 일입니다. '프레임'은 스마트폰 카메라 화면에 보이는 사진이 촬영되는 틀을 말합니다. 우리는 사진을 촬영할 때 어떤 것을 넣고 어떤 것을 빼야할지 끝없이 고민합니다. 구성 요소들의 배치나 노출, 앵글, 구도 등을 결정해야 합니다. 이렇게 짧은 시간 안에 많은 구성요소들을 결정하는 것을 '프레이밍'이라 합니다.

이렇게 설명을 들어보니 앞에서 배웠던 '구도'와 차이점이 없습니다. '구도'는 구성 요소인 빛과 색, 조화와 원근법 등을 한 장의 사진 안에 안정감 있게 배치하는 것입니다. 도대체 그 말이 그 말 같은데 구도와 프레이밍이 차이점은 무엇일까요? 구도는 화면을 어떻게 구성할 것인가 고민하는 것입니다. 프레이밍은 구성요소들을 가지고서 구도를 행하는 행위를 말합니다. 프레이밍은 화면의 구도와 구성을 정하는 것입니다. 즉, 구도는 프레이밍 이전의 생각이고 프레이밍은 구도와 구성으로 만드는 행위입니다.

구도	프레이밍
구성 요소인 빛과 색, 조화와 원근법 등을 한 장의 사진 안에 안정감 있게 배치.	피사체를 화면 안에 적절하게 배치해서 사진을 구성하는 일. 화면의 구도와 구성을 정하는 것

출처: 위키피디아

인천 산곡동   포천 보광사

    예제 사진에서 보시는 것과 같이 노란색 프레임만 선택된 사진과 노란색 프레임이 없이 전부 선택된 사진이 있습니다. 어떤 사진이 더 주제에 집중할 수 있는지 한 번 생각해 보시면 쉽게 이해하실 수 있습니다. 프레이밍은 이렇게 화면의 구도와 구성을 정해서 실행하는 행위입니다. 구도와 구성이 모두 포함된 마음의 결정 단계입니다. 프레이밍은 표면적으로 보이는 구성요소들을 포함해서 드러나지 않은 작가의 의도를 보이는 것입니다.

2 _ 좋은 프레이밍이란 어떤 것인가?

좋은 프레임은 단순해야 한다

    프레이밍은 사진을 찍을 구성 요소들을 선택하고 버리는 작업입니다. 피사체인 주제를 확실하게 드러내고 필요 없는 것들을 과감하게 버리는 일입니다. 프레임이 단순해야 보는 사람의 시선을 주제로 이끌어 냅니다. 지저분한 여러 요소들을 배제하고 프레이밍을 단순하게 해야 합니다. 단순함이 주제를 확실하게 나타내고 디자인하는 방법입니다.

좋은 프레임이란 사진을 찍는 사람의 마음이 들어간 사진이다

프레이밍은 선택하는 행위입니다. 선택을 한다는 것은 피사체를 향한 촬영자의 애정이 담긴 행위입니다. 피사체를 바라보는 촬영자의 마음이 프레임에 그대로 나타납니다. 어떤 요소들을 강조해서 피사체를 더 돋보이게 할 것인지는 촬영자 마음가짐에 달려 있습니다.

프레이밍을 알면 인물 사진을 잘 찍을 수 있다

인물 사진은 카메라 프레임 안에 피사체인 인물을 어떻게 위치시키는가에 따라 느낌이 달라집니다. 인물의 단점을 극복하고 장점을 부각시키기 위해 어떻게 프레이밍해야 할지 결정해야 합니다. 인물의 신체 어느 부분에서 프레이밍해야 인물이 살아날지 고민해야 합니다. 프레이밍을 알게 되면 인물 사진을 좀 더 잘 찍을 수 있습니다.

프레이밍에 따라 사진의 느낌과 주제가 완전히 달라질 수도 있다

사진을 완성하는 구성 요소들을 어떻게 배치하고 어떤 구도로 촬영을 할지 결정했다면, 그 다음은 프레이밍의 문제입니다. 똑같은 장면을 촬영해도 어떻게 프레이밍 하느냐에 따라서 전혀 다른 느낌과 주제가 될 수 있습니다. 프레이밍이 달라지면 선택이 달라져 보여주려는 의도 자체가 바뀔 수 있습니다. 사실을 왜곡할 수도 있는 중요 요소들을 배제할 수도 있는 것이 프레이밍의 힘입니다.

프레이밍에 따른 느낌 변화 예제

3 _ 프레이밍 후에 일어나는 트리밍(Trimming)과 크로핑(Cropping)

원하는 구성 요소와 알맞은 사진 구도로 프레이밍을 해 촬영을 합니다. 하지만 내가 제일 좋다고 결정했던 것들이 결과물을 놓고 보면 실망할 때가 있습니다. 이런 경우 필요한 것이 트리밍과 크로핑입니다.

트리밍은 시선을 분산하거나 필요 없는 요소들이 촬영된 것을 제거하는 것을 말합니다. 크로핑은 주제를 더욱 강조하려고 구성 요소들을 적극적으로 자르는 행위입니다. 두 행위 전부 주제를 강조하기 위해 하는 행동이지만 적극성에서 차이가 납니다. 트리밍과 크로핑은 촬영 전에 할 수도 있지만 일반적인 경우 촬영 후에 이뤄집니다.

크로핑을 통해서 사진의 느낌과 배치를 완전하게 바꿀 수 있습니다. 소극적으로 형태를 바꾸는 트리밍과는 많은 차이가 있습니다. 촬영 후 주제에 맞춰서 가로, 세로 또는 다른 형태로 바꿀 수도 있습니다. 사진을 촬영하기 전 완벽하게 한다면 더할 나위 없지만 마음대로 안 되는 것이 사진입니다. 촬영 후 결과물이 의도대로 나오지 않았다면 트리밍과 크로핑이 필요합니다.

크로핑에 따른 사진 변화 예제

트리밍에 따른 사진 느낌 변화 예제

18

선, 형태나 질감, 프레임, 대비
_ 사진에서 디자인 요소는 어떻게 활용할 것인가?

사진 촬영을 하는데 왜 미술이나 디자인에서 공부하는 디자인 요소를 배워야 할까요? 점, 선, 면이나 형태, 질감, 패턴, 대비 등 디자인 요소들이 사진에 어떻게 쓰일까요? 사진은 회화를 돕기 위해서 고안된 것이라서 미술의 영향을 많이 받습니다. 미술은 미술 본연의 목적을 달성하기 위해서 디자인 요소들을 선택해 그것들을 합리적으로 구성하는 창조활동입니다(출처: 두산백과).

사진 촬영은 디자인적 요소들을 활용해서 주제를 좀 더 강조할 수 있습니다. 디자인 요소들을 활용해서 촬영자의 의도를 명확하게 할 수 있습니다. 일상에는 점, 선, 면, 패턴과 대비 등 모든 디자인 요소들이 다 존재합니다. 일상생활에서 디자인 요소들을 찾아내고 어떻게 하면 주제를 강조하는데 사용할지 고민해야 합니다. 좋은 사진이란 '디자인 요소가 들어간 구성이 무엇을 말하는지 나타내는 순간'입니다. 디자인 요소들을 알아야 하는 이유가 바로 이 것입니다.

사진 디자인은 사진 구도를 완성시키는 요소, 즉 구성입니다. 미술과는 다른 사진 디자인 요소들을 알아보고 디자인 요소들을 내 사진에 적용시켜야 합니다. 점, 선, 면, 형태, 질감, 패턴 등이 시선을 어떻게 유도하는지 연습해야 합니다. 사진 디자인이라 말하니까 무척 어려운 것 같습니다. 하지만 이미 구도에서, 프레이밍에서 배운 요소들이 좀 더 구체적으로 된 것 밖에 없습니다. 우리의 눈과 머리는 다른 사람들이 표현한 디자인 요소들이 가득합니다. 어렵지 않습니다. 간단하게 알아 가면서 하나하나 꺼내 보면 됩니다.

사진의 디자인적 요소 예제

1 _ 디자인을 이루는 기본 요소인 선

디자인 요소 중에서 가장 강렬한 요소는 바로 선입니다. 디자인 요소의 기초인 점이 연결되어 선이 되고, 선이 면을 이루고 형태를 이루기 때문입니다. 선이 있어야 면의 질감이나 패턴도 표현할 수 있습니다. 사진 안에 점이 두 개만 있어도 선으로 연결되어 거리감이 생깁니다. 사람의 시선은 자연스럽게 점을 따라 이동하므로 선은 시선을 유도합니다. 구도에서 알아봤듯이 수평선, 수직선, 대각선들이 사진 안에서 여러 감정들을 유도합니다. 편안하거나 웅장하게, 부드럽거나 딱딱하게 또는 역동적으로 느껴지게 합니다.

선 예제 1

선 예제 2

2 _ 피사체의 실태를 나타내는 형태

선이 연결되면 면이 되고 면이 모여서 형태를 이룹니다. 형태라고 하면 어려워 보이지만, 자연이나 생활 속에서 나타나는 형태는 크게 세 가지입니다. 형태는 삼각형, 직사각형, 원 세 가지뿐이며, 이외의 형태는 기본 형태의 변형에 불과합니다. 선은 보는 사람의 시선을 주제로 이끌어내는 역할을 합니다. 형태는 피사체의 실체를 파악하게 해주고 정서적으로 다양한 감정을 느끼게 합니다. 형태로 이루어진 피사체를 보고 비로소 우리는 무엇인지 정확히 알 수 있는 것입니다. 형태는 빛의 종류에 가장 영향을 많이 받는 요소입니다.

형태를 이루는 선 1

형태를 이루는 선 2

선은 시선을 유도하는 기능을 하고 형태는 이미지를 구체화 시키는 것입니다. 형태 중에서 직사각형은 의도적으로 만들어진 듯한 느낌으로 인해 사용에 제한이 있습니다. 형태 중에서 안정감과 역동성을 같이 지니고 있는 삼각형이 가장 많이 쓰이는 형태입니다. 원은 사람들의 시선을 집중시키는 효과가 있지만 실제 사진에서는 꽃, 태양 등을 촬영할 때 많이 쓰입니다.

3 _ 패턴과 질감

디자인 요소 중 패턴은 반복되는 물체의 형태나 같은 종류의 선, 모양, 색 등이 반복되는 것을 말합니다. 패턴이 주제가 되면 사람들의 시선을 주제로 이끌 수 있습니다. 패턴은 예측 가능하기 때문에 안정감이나 신뢰감 같은 심리상황을 느끼게 합니다. 사진을 처음 시작할 때 가장 쉽게 촬영할 수 있는 디자인 요소가 패턴입니다. 패턴으로 인정받으려면 물체나 형태들이 가까이 붙어 있어야 합니다. 패턴은 반복되는 형태지만 방향성을 가지고 있지 않은 면적이기 때문에 주제보다 주로 배경으로 많이 쓰입니다.

질감은 디자인 요소 중에서 빛의 영향을 가장 많이 받는 요소입니다. 이른 아침과 늦은 오후에 비치는 비스듬한 태양광이나 빛이 강할 때 질감이 더 강하게 표현됩니다. 질감은 손으로 만지거나 질감이 느껴지는 것을 인지할 때부터 표현할 수 있습니다. 질감이 표현된 사진들은 감성적으로 느낄 수 있고 피사체를 직접 만지는 것과 같은 느낌을 줄 수 있습니다.

패턴 예제

질감 예제

4 _ 시선을 사로잡는 대비

디자인 요소 중 대비는 서로 반대되는 것이나 차이가 나는 것들을 같은 프레임에 구성하는 것입니다. 대비를 영어로 표현했을 때 Contrast인데 이것은 밝은 곳과 어두운 곳의 차이를 말합니다. 따라서 대비라고 하면 일차적으로 명암 대비를 말합니다. 명암 대비 이외에도 색상 대비, 크기 등에 따른 대비가 있습니다. 명암 대비를 통해서 피사체의 원근감과 무게를 표현할 수 있습니다. 색상 대비를 통해 피사체를 강조하거나 과장되게 하는 효과가 있습니다.

명암에 의한 대비   색상에 의한 대비

5 _ 프레임 속 프레임

디자인 요소라고 분류하기는 힘들지만 사진에 있는 독특한 디자인 요소가 프레임 속 프레임입니다. 프레임 속 프레임은 사진 프레임 안에 또 다른 프레임을 집어넣은 것입니다. 프레임 안에 또 다른 프레임이 있어서 주제로 더욱 시선이 집중되게 합니다. 사용되는 프레임은 사진 화면과 같은 사각형일 필요는 없습니다. 또한 프레임이 겹쳐짐으로 인해 평면적인 사진에 입체감이 살아납니다.

프레임 속 프레임 예제 1

프레임 속 프레임 예제 2

19

상상력을 발휘하고 남과 다른 사진을 위해 여백의 미를 살려라

서양화와는 다르게 동양화는 사물을 선으로 표현하는 것이 주된 방법이었습니다. 선으로 모든 것을 표현하다보니 형체가 분명하지 않은 하늘이나 물 등은 과감히 생략되었습니다. 이렇듯 '여백'이란 실제로 사물이 있어야 할 공간을 아무 효과 없이 비움으로써 과감히 생략된 공간이라는 의미입니다 (출처: 위키백과).

공백은 단순하게 비어있다는 것이지만 여백은 의도적으로 만들어진 빈 공간입니다. 서양화와 달리 동양화의 빈 공간은 마음을 확장시키는 역할을 합니다. 자연에 순응하고 자연의 섭리에 적응하는 것을 최선으로 삼는 동양인의 감성이 회화에도 드러난 것입니다. 의도적으로 여백을 둠으로써 보는 사람으로 하여금 편안함과 함께 빈 공간으로 확장하는 감성을 느끼게 합니다. 소위 '채우기 위해서 비운다'는 말입니다.

여백의 미 사진 1

여백은 보는 사람으로 하여금 심리적으로 여유를 주면서 주제를 더욱 강조합니다. 여백으로 인한 공간감은 많은 생각과 함께 피사체의 본질을 볼 수 있는 한 방법입니다. 여백은 사진을 보는 사람들에게 생각할 시간적 여유를 제공하면서 상상하게 만듭니다.

여백의 미 사진 2

여백은 촬영자가 의도적으로 만든 빈 공간이지만 여백으로 인해 사진을 보는 사람들은 생각을 정리하면서 주제에 대해 다시 한 번 생각하게 됩니다. 프레임을 가득 채워야 한다는 강박관념에서 벗어나 자유롭게 표현하는 방법입니다. 여백의 미를 배우려면 우리 조상들의 작품들을 보고 여유를 즐기는 것도 한 방법입니다.

여백의 미 사진 3

여백은 특히 인물 사진에서 피사체의 감정을 나타내는 중요한 도구입니다. 인물 사진에서 프레임을 설정하는 것은 보는 사람의 시선이 머무르는 곳입니다. 보는 사람의 시선이 피사체로 집중하게 만들기 위해서는 여백을 어떻게 활용해야 하는가가 중요합니다. 인물이 움직이는 행동 방향이나 인물의 시선과 눈길이 바라보는 곳으로 여백이 만들어져야 합니다. 여백의 방향에 따라 인물의 감정이 확연하게 달라집니다.

여백 배치에 따른
인물 사진 느낌 변화 사진

여백의 미를 강조하는 기법에 유사한 '미니멀리즘(Minimalism) 기법'이 있습니다. 엄밀히 따지자면 여백의 미와는 다른 의미지만, 색이나 모양, 선 등 사진 구성 요소들 중에서 최소한의 요소만을 사용해서 표현하는 방법이란 것에서 또 다른 여백의 미라 말할 수 있습니다. 하나의 주제만을 촬영하거나 구성 요소들을 거의 배제하고 한 두 요소에 집중합니다. 때로는 빛에 의한 최소한의 표현으로 주제를 드러내기도 합니다. 전체를 보여주지 않으면서 전체를 상상하게 만듭니다. 이런 맥락에서 미니멀리즘은 여백의 미를 나타내는 또 다른 형태입니다.

미니멀리즘 사진

20

색상별 성격을 알고 사진을 찍으면 강조 및 조화가 잘 된다

1 _ 색, 색상, 색조, 명도, 채도?

빨간 색을 보면 정열이 느껴지거나 불을 떠올리는 경험이 있으세요? 파란색을 보면 우울한 느낌이 들거나 노란색을 보면 기분이 좋아진 적도 있나요? 사진에서 색은 기분을 나타내는 방법의 하나이며 아주 중요한 역할을 하는 도구입니다. 색, 색조 등 색을 표현하는 말이 어떤 것이 옳은지에 대한 논의는 여기서 중요하지 않습니다. 우리는 색상학을 공부하는 것이 아니라 색이 가지고 있는 고유의 특성이 무엇인지를 아는 것이 중요합니다. 색이 사진에 어떻게 쓰이고 어느 감정을 표현하는 것인지 아는 것이 중요합니다.

사진에서 색은 주제를 강조하거나 주제와 조화를 이루기 위해 사용됩니다. 사진에서 색을 잘 사용하려면 비슷한 느낌의 유사색과 보색을 잘 이용하는 것입니다. '유사색'은 비슷한 것이 아닌 색상환에서 인접한 색이 정확한 표현입니다. '보색'은 색상환에서 서로 마주보고 있는 색을 말합니다.

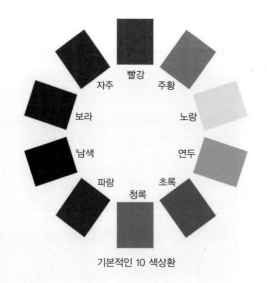

기본적인 10 색상환

색상환에서 보시는 것과 같이 유사색은 노랑의 경우 양 옆의 주황과 노랑이고, 파랑의 경우 남색과 청록입니다. 유사색을 사진에서 잘 사용하면 통일성이 느껴져 사진 느낌이 편안함을 줍니다. 보색은 색상환에서 서로 반대 방향에 있는 색을 말합니다. 빨강의 보색은 청록이고, 파랑의 보색은 주황처럼 반대 방향에 있는 색이 보색입니다. 보색은 사진에서 같이 사용하면 활기찬 느낌을 주거나 강한 인상을 줍니다. 피사체를 강조하거나 주제인 피사체로 시선을 이끌고 싶을 때 보색을 사용하면 됩니다.

유사색과 보색에 대해서 어느 정도 알게 되었다면 각각의 색이 가지고 있는 특성을 알아야 합니다. 색의 특성과 색이 가진 느낌을 잘 이용해서 사진에서 표현해 봐야 합니다. 풍경 사진 뿐 아니라 인물 사진의 배경색을 찾는 것이든지, 음식 사진에서 음식을 더 돋보이게 하는 등 여러 가지에 색이 가진 특성을 이용하면 됩니다. 사진 디자인에서 색을 잘 이용하는 것이 좋은 사진을 찍는 법 중 하나입니다.

유사색 예제

보색 예제

2 _ 색상별 느낌과 특징

빨간색

빨간색은 힘찬 생명력이 느껴지는 에너지가 강한 색입니다. 힘이나 권위, 전쟁, 따뜻함, 열정, 위험이나 경고, 공격성, 뜨거운 사랑 등을 붉은 색으로 표현합니다. 빨간색은 자극이 크고 시선을 사로잡는 힘이 느껴져서 심리적으로 정열이나 흥분 상태를 표현합니다. 빨간색은 보색인 청록색을 배경으로 했을 때 가장 강렬한 느낌을 줍니다.

빨간색 느낌 예제

노란색

노란색은 빛을 상징하고 강렬하거나 활기찬 느낌을 주는 색입니다. 노란색은 밝고 경쾌한 느낌을 주는 색으로서 희망이나 행복, 부와 풍요로움을 상징합니다. 노란색은 검은색을 배경으로 했을 때 가장 강렬하게 표현됩니다. 보색인 남색과 파란색이나 보라색과 사용하면 선명한 느낌의 이미지가 만들어 집니다.

노란색 느낌 예제

파란색

파란색은 차가운 느낌을 주는 색입니다. 파란색은 시원함과 차가움, 신선함을 표현하는 색입니다. 파란색은 차가우면서도 차분한 분위기로 신비로움과 사색적인 분위기를 만듭니다. 파란색의 신

비로움과 사색적 느낌은 바다나 하늘을 촬영한 사진에서 자주 볼 수 있습니다. 파란색의 차가움은 보색관계인 따뜻한 오렌지색과 함께 사용될 때 느낌이 강합니다.

파란색 느낌 예제

초록색

초록색은 마음을 차분하게 만들고 안정감을 주며 자연을 상징합니다. 젊음과 싱그러운 느낌, 평화, 안전, 희망을 상징합니다. 초록색은 긍정적인 힘을 나타내고 집중력을 높여 주는 색입니다.

초록색 느낌 예제

보라색

보라색은 종교적인 느낌을 가지고 있어 신비스럽고 경건함을 나타내는 색입니다. 보라색은 불길한 예감이나 죽음을 나타내거나 우아함을 표현하는 색입니다. 파란색과 붉은색이 섞인 것으로서 파란색의 차분함과 붉은색의 정열을 함께 가지고 있는 색입니다. 사진에서 보라색은 노란색과 조화를 이루지만 대비가 너무 극단적이라 조심스럽게 사용해야 합니다.

보라색 느낌 예제

검은색과 흰색

검은색과 흰색은 사실 색으로 분류하지는 않는 무채색입니다. 하지만 사진에서 검은색과 흰색은 형태를 강조하거나 이미지를 살려주는 역할을 합니다. 검은색은 차분하고 엄숙한 느낌을 주고 죽음이나 침묵을 표현합니다. 검은색은 다른 색들의 배경으로 쓰여서 형태를 강조하기도 합니다. 흰색은 순결함과 모던한 분위기, 정직함과 순수를 상징하는 색입니다. 사진에서 흰색은 정확하게 표현하기 쉽지 않기 때문에 항상 노출에 신경써야 합니다.

흰색, 검은색 느낌 예제

사진에서 색을 잘 활용하려면 다음과 같은 점들을 생각하고 촬영하면 됩니다.

첫째, 보색 효과를 잘 활용하면 주제를 강조하고 주 피사체에 시선을 이끌 수 있습니다.

둘째, 유사색을 잘 활용하면 스며들 듯이 보는 사람의 감정을 조절할 수 있습니다.

셋째, 사진 프레임 아래쪽에 어두운 색을 배치하면 무거운 느낌이 느껴지고, 프레임 위쪽에 어두운 색을 배치하면 불안정한 느낌의 무게감이 느껴집니다.

넷째, 자연에서 색을 잘 표현하려면 강한 빛 보다는 비가 온 날이나 구름이 빛을 가려 빛이 확산되는 상황이 더 좋습니다.

색의 활용과 표현 예제

파트 4에서는 인물 사진을 잘 찍는 방법에 대해서 알아보는 장으로, 인물 사진에서 중요한 점과 빛에 대해서 알아보고, 더 좋은 인물 사진을 촬영하기 위해 주의해야 할 여러 사항들에 대해서 이야기합니다.

PART 04

인물 사진
촬영하기

21

우리는 왜 인물 사진을 많이 찍을까?

우리는 어디서든지 손쉽게 스마트폰 카메라를 열고 사진을 찍습니다. SNS가 일상이 되고 내 삶을 보여주는 인증 샷이 일반화되어 있는 세상에 살고 있습니다. 매일 매일 바로 촬영하고 올리며, 다른 사람과 사진으로 소통하는 세상에 살고 있습니다. 굳이 내 삶에 대해 길게 글로 설명할 필요도 없습니다. 사진이나 짧은 영상이 모든 것을 대신해서 말해줍니다. 스마트폰으로 사진을 찍고 공유하는 일이 일상이 되어 버렸습니다.

우리는 왜 이토록 많은 사진을 촬영하고 있을까요? 그 많은 사진들 속에서 왜 인물 사진이 가장 많은 비중을 차지할까요? 사진은 정보 전달 수단으로서 현실을 가장 잘 표현하고 전달하는 도구입니다. 또한 사진은 역사나 일상을 기록 하는 방법으로 발전해 왔습니다. 오늘날 사진이 사실을 전달하거나 기록하는 역할을 많이 잃어버렸다고 합니다. 하지만 사진은 아직 기록이라는 특성을 잃어버리지 않고 있습니다.

어느 병사의 죽음과 노르망디 오마하비치에서 상륙하는 미군부대: 로버트 카파

사진은 기록이라는 기본 목적에서 인물 사진을 찍는 것은 하나의 기록을 남기는 것입니다. 카메라가 일부만 소유하던 시절을 지나 스마트폰 보급으로 누구나 카메라를 한 대씩 가지고 있게 되었습니다. 이제는 일상을 기록하는 일이 더욱 쉬워진 것입니다. 일상에서 가장 관심 있는 것이 무엇일까요? 바로 내 자신과 내 가족, 그리고 내 주변의 사랑하는 사람들입니다. 이런 이유로 우리는 오늘도 열심히 인물 사진을 촬영하고 있습니다.

인물 사진은 단순한 풍경을 찍거나 사실을 기록한 사진보다 의미가 깊습니다. 나와 사랑하는 주변 사람들이 기록된 사진은 시간이 지날수록 소중합니다. 사진을 촬영하던 그 순간이 즐겁고 피사체인 인물을 바라보는 내 눈에 사랑이 가득하기 때문입니다. 나와 내 주변 사람들에 대한 애정 없이는 좋은 인물 사진이 나올 수 없습니다. 애정이 담겨야 인물 사진을 누구보다 더 예쁜 모습으로 촬영할 수 있기 때문입니다. 인물 사진은 기본적으로 예뻐야 합니다.

1 _ 좋은 인물 사진을 위해서 알아야 할 것들

인물 사진을 잘 찍으려면 피사체와 사랑에 빠져야 한다

인물 사진은 풍경 사진이나 보도 사진 같은 사진들과는 달리 인물의 감정이 들어 있습니다. 내 자신을 찍을 때도 다른 사람을 찍을 때도 인물 사진에는 감정이 들어 있습니다. 감정이 없이 무미건조한 사진은 보는 사람으로 하여금 아무런 감흥을 갖지 못하게 합니다. 인물 사진에 감정을 담으려면 피사체인 인물과 사랑에 빠져야 합니다. 지속적인 사랑을 말하는 것이 아닙니다. 촬영하는 그 순간만큼은 인물과 사랑에 빠져야 한다는 말입니다.

아웃포커스가 인물 사진을 살리는 방법이다

우리는 Part2에서 사진에 초점이 맞은 것으로 인식되는 범위인 피사계심도에 대해 알아 봤습니다. 피사계심도에서 인물에 초점이 맞아 선명하지만 배경이 흐려지는 상태를 '아웃포커스'라 합니다. 인물을 선명하게 살리고 배경을 흐리게 하는 아웃포커스 사진이 인물 사진의 중요한 촬영 방법입니다. 사람의 시선은 선명한 곳으로 집중되기 때문에 인물이 부각되는 것입니다(Part2-11 참조).

좋은 인물 사진은 눈에서 결정된다

아웃포커스 사진은 조리개가 개방되어 피사계심도가 얕습니다. 피사계심도가 얕은 인물 사진의 경우에는 눈에 초점을 맞춰야 합니다. 인물 사진이 인물의 감정이 들어있는 것이라고 하면 눈은 감정을 가장 잘 표현하는 부분이기 때문입니다. 눈에 초점이 맞지 않은 사진은 보는 사람의 시선 처리가 어려워져 어딘지 모르게 답답합니다. 피사계심도가 얕은 인물 사진은 눈이 선명하게 나오도록 눈에 초점을 맞춰야 합니다. 단, 어디까지나 일반적인 것일 뿐 인물의 다른 부분을 강조하려면 다른 방법으로 표현해도 됩니다.

좋은 인물 사진은 빛과 피사체인 인물의 표정과 포즈, 사진의 구도가 중요하다

좋은 인물 사진은 빛의 성질과 방향성, 인물의 표정이나 포즈의 미세한 변화가 중요합니다. 또한 사진의 구도, 앵글이 중요합니다. 이 부분은 바로 다음 장에서 말씀 드리도록 하겠습니다.

22

인물 사진에서는 빛이 가장 중요하다

좋은 사진을 촬영하려면 어떻게 해야 할까요? 우선 정확한 노출을 주고 구도를 잘 잡아야 한다고 말할 수 있습니다. 제일 먼저 생각해야 하는 정확한 노출은 당연히 빛에 관련되어 있습니다. 수없이 많은 사람들이 '사진은 빛의 예술이다'라고 말해 왔습니다. 빛에 따라 피사체인 사람이나 사물이 극적으로 또는 평범하게 보이기 때문입니다. 좋은 빛이 좋은 사진을 만든다는 것은 일종의 진리와 같습니다.

인물 사진은 특히 빛의 영향을 많이 받습니다. 같은 위치와 같은 사람인데도 어떤 빛이 비추는 것인지에 따라 인물의 느낌이 달라집니다. 또한 빛이 비추는 시간대에 따라 인물의 색과 분위기가 달라집니다. 좋은 인물 사진을 찍기 위해 우리는 빛이 어디서 비추는지, 빛의 성질은 어떤지 알아야 합니다. 피사체를 잘 드러내기 위해 빛을 이용하는 방법을 알아야 합니다. 빛을 살피지 않고 인물만 바라봐서는 좋은 인물 사진을 촬영할 수 없습니다.

순광 인물 사진 예제

빛을 이용해서 좋은 인물 사진을 촬영할 때 주의할 사항이 더 있습니다. 바로 그림자의 활용입니다. 사진을 빛의 예술, 빛으로 그리는 그림이라 표현했을 때 우리는 종종 그림자의 역할을 잊어버립니다. 그림자는 빛을 더욱 강조하고 피사체의 느낌을 드러내는 효과를 줍니다. '빛'은 '그림자'와 항상 함께 하기 때문입니다. 그림자가 있어야 인물이든 풍경이든 사진이 더욱 극적으로 보이는 것입니다.

빛과 그림자 예제 　　　　　　　　　　　　　사광 인물 사진 예제

인물 사진은 단순한 인물을 넘어서 보는 사람으로 하여금 감정을 느끼게 해야 합니다. 인물의 감정을 느끼게 하는 방법이 빛이라는 것을 여러 번 강조해도 지나치지 않습니다. 스마트폰 카메라를 사용해서 인물 사진을 촬영하는 우리는 자연광에 대해서만 알아도 됩니다. 전문 카메라에서 사용하는 인공광원이나 스튜디오 조명은 건너뛰어도 됩니다. 실내에서 만나는 조명이나 카페의 불빛은 인공광원으로 생각하지 않아도 됩니다. 실내조명은 화이트밸런스 조절로 얼마든지 태양과 같은 기분을 낼 수 있기 때문입니다.

인물 사진에서 빛이 중요한 또 다른 이유는 빛을 이용한 인물의 입체감 표현입니다. 한 때 인물 사진을 이목구비가 제대로 표현되지 않게 하얗게 보이는 얼굴로 찍는 것이 유행이었던 적이 있습니다. 하지만 인물을 제대로 표현하려면 이목구비가 뚜렷한 것이 좋습니다. 빛을 이용해서 입체감을 살리게 되면 인물은 더욱 돋보이게 됩니다. 빛을 조금이라도 알면 인물 사진에 입체감을 주는 것은 어렵지 않습니다.

인물 사진을 잘 찍기 위해서 알아야 할 빛의 종류는 그리 많지 않습니다. 우리는 세상에 존재하는 수많은 빛에 대해서 알아야 할 필요가 없습니다. 인물 사진을 촬영하는 것은 빛이 중요하다는 것을 알고, 빛이 인물 사진을 더욱 입체적으로 만든다는 점을 알고 있으면 됩니다. 빛이 인물의 감정을 표현하는데 중요하다는 것을 알면 됩니다. 인물 사진에 적합한 빛은 어떤 것이 있는지, 어느 시간대에 촬영해야 원하는 인물 사진이 나오는지에 대해서는 다음 장에서 살펴보겠습니다.

23

순광, 역광, 측면광, 사광: 빛의 방향성에 따라서 느낌이 완전히 달라진다

앞에서 우리는 인물 사진에서 빛이 왜 중요한지 알아봤습니다. 빛이 비추는 방향과 시간대에 따라 인물의 느낌이 달라진다는 것도 알았습니다. 빛을 잘 이용하는 것이 인물을 강조하고 입체감을 살리는 것이라는 것 또한 알았습니다. 이 장에서는 인물 사진에 많이 쓰이는 빛의 종류에 대해서 알아보겠습니다. 정확하게 말하면 빛의 종류가 아닌 빛의 각도, 방향성에 관한 것입니다.

우리는 항상 많은 빛에 휩싸여 있지만 정작 빛에 대해서 깊게 생각하지는 않습니다. 존재하는 빛을 좋은 인물 사진을 위해 사용하려고 생각하지도 않습니다. 하지만 빛에 대한 기본 지식이 있어야 좋은 인물 사진을 찍을 수 있습니다. 빛이 비추는 방향이 피사체인 인물의 느낌이나 분위기를 좌우하기 때문입니다. 빛은 방향성에 따라 정면에서 비추는 순광, 측면 빛인 사광과 측면광, 그리고 인물의 뒤에서 비추는 역광으로 구분할 수 있습니다.

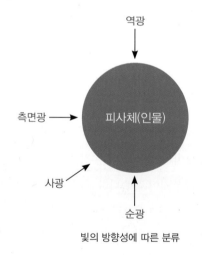

빛의 방향성에 따른 분류

1 _ 순광

해를 등지고 피사체인 인물 정면으로 비추는 빛을
순광(정면광)이라 합니다. 얼굴을 밝게 촬영할 수 있
어 좋지만 질감이 느껴지지 않아 밋밋한 사진이 됩니
다. 얼굴에 골고루 떨어지는 빛이 그림자를 없애므로
입체감 또한 떨어집니다. 하지만 인물 표현이 밝고
부드러워서 자연스러운 인물 사진에 좋습니다.

순광 인물

2 _ 사광

피사체인 인물의 좌우측 측면 45° 정도의 각도에서 비스듬하게 들어오는 빛을 말합니다. 화가인
렘브란트가 초상화에서 처음 사용한데서 램브란트 라이트라고도 합니다. 인물의 정면 45° 방향 약간
위쪽에서 비추는 빛을 말합니다. 인물에 그림자가 자연스럽게 생겨 입체감이 살아나는 것이 특징입
니다. 인물 사진에서 가장 많이 사용하는 빛의 방향입니다. 사광은 일출 후 아침 시간대, 또는 일몰
전 시간대가 가장 표현하기 쉽
습니다.

사광 인물

3 _ 측면광

피사체인 인물의 좌우측 바로 옆 90°에서 비추는 빛을 측면광이라 합니다. 밝은 곳과 어두운 곳의 차이가 크기 때문에 강한 느낌의 인물 사진에 좋습니다. 인물의 질감이 가장 잘 드러나는 빛이라고 할 수 있습니다.

측면광 인물

4 _ 역광

피사체인 인물의 등 뒤에서 카메라를 향해 들어오는 빛을 역광이라 합니다. 역광은 잘 활용하면 분위기 있는 사진을 만들지만 잘못 사용할 경우 실망을 줄 수도 있습니다. 인물의 얼굴을 세세하게 표현하는 것보다 인물의 선과 형태를 강조합니다. 노출을 어디에 맞추느냐에 따라서 인물 얼굴이 살아나기도 하고 형태만 남은 실루엣 사진이 되기도 합니다. 해가 서산으로 넘어가는 일몰 시간 때 가장 극적인 역광 사진이 됩니다.

역광 인물

스마트폰 카메라로 실루엣 사진을 잘 찍으려면 다음과 같은 요령이 필요합니다.

❶ 실루엣 사진 촬영은 일몰 때를 권장합니다. 일출은 빛이 밝아져서 극적 효과와 전체적인 사진색이 일몰
   보다 덜합니다.

❷ 스마트폰 카메라에서 가장 낮은 ISO를 설정합니다. 해를 마주보고 있는 상황이라 감도를 낮춰야만 셔터
   스피드가 확보되기 때문입니다.

❸ 일몰 때라서 전체적인 색상이 붉은 색과 노란색 , 오렌지색이 섞여 있습니다. 하지만 실루엣 느낌을 더 강
   하게 만들기 위해 스마트폰 카메라 화이트밸런스를 수치가 높은 방향 으로 이동해서 사진에 노란색이 돌
   게 만듭니다.

❹ 역광 실루엣 인물 사진은 선과 형태만 나타나기 때문에 손이나 다리 등은 몸에 붙이지 말고 분리해서 포
   즈를 취하는 것이 좋습니다.

❺ 인물의 선만 나타나기 때문에 얼굴은 정면보다 옆면(측면)을 촬영하는 것이 좋습니다.

❻ 간단하게 촬영하려면 스마트폰 화면에서 가장 밝은 곳을 터치해 화면에 보이는 인물이 검게 변할 때까지
   노출을 조절하면 됩니다.

24

매직아워와 골든아워: 시간대에 따라 인물 사진의 느낌이 완전히 달라진다

좋은 빛이 좋은 사진을 만든다는 것은 이제 모두 알게 되었습니다. 좋은 인물 사진을 위한 방향성에 따른 빛의 종류도 알았습니다. 이제는 언제 촬영하면 좋은 사진이 되는지 촬영하는 시간대에 따른 효과를 알아보겠습니다. 빛은 무조건 밝은 것이 좋은 빛이 아닌가 생각할지 모릅니다. 하지만 빛이 가장 밝은 시간대인 한 낮은 오히려 사진에 좋은 빛은 아닙니다. 빛이 너무 강렬해서 질감 표현이 거칠어지기 때문에 좋은 빛은 아닙니다.

그럼 사진 촬영에 좋은 빛이란 어떤 시간대의 빛을 말하는 것일까요? 사진 촬영에 좋은 빛은 피사체가 인물, 풍경 상관없이 느낌을 잘 표현하는 빛이 비추는 시간대가 가장 좋은 빛입니다. 해 뜨고 나서 아침부터 오전 11시 이전까지의 빛과 해 지기 한 시간 전부터 해가 지고난 후 한 시간까지의 빛 등이 좋은 빛입니다. 이 중에서도 일출 후 한 시간과 일몰 전 한 시간을 매직아워 또는 골든아워라고 합니다.

매직아워 풍경 사진 1

매직아워 풍경 사진 2

매직아워 풍경 사진 3

빛에 따른 피사체의 느낌은 하루 종일 변합니다. 해 뜨기 전 새벽빛은 차가운 느낌의 파란색과 더불어 차분한 분위기를 만들어 냅니다. 해가 뜨면 노란색과 오렌지 레드의 색이 주위를 감싸는 빛이 됩니다. 짧은 일출 후 빛이 지나면 이른 아침의 빛은 부드럽고 맑은 느낌의 빛입니다. 아침의 빛은 긴 그림자를 만들어 피사체 질감을 살려 냅니다.

매직아워 풍경 사진 4

시간이 흘러 정오가 되면 빛은 강해져서 인물 사진이 거칠고 딱딱한 느낌을 줍니다. 시간이 지나 오후가 되면 명암 대비에 좋은 측면광 빛이 됩니다. 부드럽고 긴 그림자를 만들고 입체감이 잘 표현되는 빛입니다.

해가 지기 한 시간 전부터는 빛에 황금색이 더해져서 따뜻한 분위기가 연출됩니다. 시간이 지날수록 황금빛은 절정에 달하다가 해가 지고나면 빛은 보라색과 푸른색이 공존하게 됩니다. 차츰 어두워져 푸른색이 어둡게 변해가면서 태양빛은 인공조명에 자리를 내주게 됩니다.

일몰 사진

일몰 풍경 사진

빛은 이렇게 촬영 시간대에 따라서 다양한 모습과 느낌을 만들어 냅니다. 어느 시간대에 사진을 촬영하는 것인지에 따라 인물 느낌과 주제를 강조하는 방법이 달라집니다. 매직아워 또는 골든아워라고 불리는 '일출 후 한 시간과 일몰 전 한 시간'이 인물 사진과 풍경 사진을 촬영하기 가장 좋은 빛입니다. 좋은 사진은 어디에서 촬영하는지도 중요하지만 언제 촬영하는 것인지도 중요한 이유입니다.

낮과 밤이 교차되는 일출 후 한 시간과 일몰 전 한 시간, 골든아워(매직아워)입니다. 하늘은 붉은색과 노란색이 가득하고 인물과 풍경은 황금처럼 빛나는 시간입니다. 해가 뜰 때는 푸른빛이 많이 돌기 때문에 해가 지기 전 한 시간을 골든아워로 한정시키기도 합니다. 또 해가 지고난 후 30분 정도를 매직아워라고 하기도 합니다. 골든아워에는 사광이나 측면광, 역광 등 어느 빛도 사진에 다양한 느낌을 줍니다.

헐레이션 인물 사진

골든아워에는 태양이 내려앉기 직전이라 하루 중에서 가장 부드러운 빛이 감돕니다. 황금빛이 전체적으로 돌면서 주제인 피사체의 입체감을 잘 나타낼 수 있습니다. 분위기에 따라서 인물 사진을 신비롭게도 화사하게도 만듭니다. 인물 얼굴을 살리려면 이미 배웠던 스마트폰 보정을 ⊕ 방향으로 이동합니다. 인물도 살고 주변의 배경도 황금빛을 유지한 채 살아납니다. 인물을 실루엣으로 만들려면 노출을 줄여 줍니다.

역사광 인물 사진 바스트 샷

맑은 날, 흐린 날, 눈 오는 날: 날씨에 따라서 느낌이 완전히 달라진다

빛은 방향성에 따라 순광, 사광, 측면광, 역광으로 나뉜다는 것을 배웠습니다. 인물 사진에는 빛의 방향성도 중요하지만 빛의 세기 또한 중요합니다. 빛의 특성, 성질이라고 말하기도 하는데 빛은 세기에 따라 직사광과 확산광으로 나눕니다. 직사광은 뚜렷한 경계와 명암 대비를 만들고 확산광은 부드러운 빛입니다. 맑은 날 직사광과 흐린 날 확산광은 날씨에 영향을 받습니다. 맑은 날과 흐린 날 빛의 느낌이 다르고 그 빛의 느낌에 따라 사진의 분위기도 달라집니다.

1 _ 맑은 날의 빛

맑은 날 직사광은 말 그대로 햇빛이 곧바로 인물에 비추는 것을 말합니다. 어디에 부딪히거나 반사되지 않은 빛이라서 매우 강하고 선명합니다. 피사체인 인물에 비추면 밝은 부분과 어두운 부분의 경계가 분명해 집니다. 인물의 밝은 곳과 어두운 곳 차이가 커서 인물 사진에는 적합하지 않은 빛입니다. 직접적으로 빛을 받은 부분과 받지 않은 부분의 노출 차이가 너무 크기 때문입니다. 또한 인물 얼굴 밝기 차이가 심해 사진이 예쁘게 나올 수 없습니다. 맑은 날 풍경 사진도 하이라이트와 어두운 부분의 차이가 크게 나타납니다.

직사광 인물 사진   직사광 풍경 사진

노출 조절을 잘 못하면 그림자 부분이 너무 어두워져 알아볼 수 없거나 밝은 부분이 하얗게 될 수 있습니다. 의도적으로 인상적인 인물 사진이나 극적인 풍경 사진을 촬영할 때 사용하는 것은 괜찮습니다. 이렇게 심하게 밝기 차이가 나는 것을 해결하려면 빛을 피해서 촬영해야 합니다. 직사광이 들어오지 않는 그늘이나 직사광이 가려지는 곳으로 이동해서 촬영합니다. 인물의 밝기 차이가 없어지고 부드러운 느낌의 사진이 됩니다.

2 _ 흐린 날과 눈 오는 날의 빛

흐린 날 비추는 빛은 성질에 따라 확산광이라고 불립니다. 확산광은 피사체인 인물이나 풍경에 직사광처럼 바로 쏟아져 오는 빛이 아닙니다. 직사광과 달리 빛이 여러 방향에서 흩어져서 들어오는 빛을 말합니다. '확산'이란 말이 '흩어져 번지는 것'이란 뜻이고, '퍼짐'과 동일한 말입니다(출처: 옥스포드 어학사전).

확산광은 퍼지는 방법에 따라 산란광과 반사광으로 나뉘는데 신경 쓰지 않아도 됩니다. 우리가 빛의 느낌을 알려고 하는 것이지 과학적 분석이 필요한 것이 아니기 때문입니다.

흐린 날 확산광 풍경 사진

예제 사진에서 보는 것처럼 확산광은 빛이 여러 방향에서 피사체를 비추는 것입니다. 태양빛을 거대한 구름이 가리고 있어서 빛이 약해진 것이라 생각하면 됩니다. 빛이 없어진 것이 아니고 빛이 여러 방향에서 약하게 비추는 것입니다. 그림자는 약해지고 전체적인 느낌은 부드러워집니다. 빛이 고르게 비춤으로 인해 인물이나 피사체의 질감도 잘 표현됩니다. 부드럽고 은은한 느낌의 인물 사진이나 풍경 사진을 촬영하기에 좋은 빛입니다.

구름을 통과한 빛은 직사광처럼 강하지 않기 때문에 밝고 어두운 부분의 차이가 크지 않습니다. 그림자가 거의 생기지 않거나 생겨도 약하기 때문에 부드러운 사진이 됩니다. 확실하게 방향성을 가진 빛이 없기 때문에 사진은 전체적으로 부드러워지지만 밝은 느낌은 많이 감소합니다. 흐린 날 확산광은 밝기는 줄어들지만 색상을 표현하는 것에는 좋습니다.

확산광에 의한 색상 표현 사진

확산광 인물 바스트 샷

온 세상이 하얗게 눈이 내리는 날, 아름다운 눈을 담고 싶어 스마트폰으로 촬영합니다. 하지만 내가 생각했던 하얀 눈은 없고 회색으로 탁한 느낌의 사진만 있을 뿐입니다. 카메라가 인식하는 평균 노출 때문에 흰색은 흰색으로 표현되지 않기 때문입니다. 내리는 눈을 표현하고 싶고, 이미 내린 하얀 풍경을 담고 싶지만 원하는 대로 나오지 않습니다.

눈 오는 날 눈 내리는 모습을 촬영하려면 빠른 셔터스피드로 내리는 눈을 정지시키거나 스마트폰에 있는 플래시를 이용해서 눈송이를 살려서 촬영해야 합니다. 아니면 느린 셔터스피드로 눈이 내리는 동감을 촬영해도 좋습니다. 이미 눈이 내린 풍경을 촬영하는 거라면 흰색을 흰색으로 표현하기 위해서 ⊕2 정도 보정을 해줘야 합니다. 눈 내린 풍경에 포함된 인물 사진을 촬영할 때도 하얀 눈에 의한 반사가 있으므로 보정을 해줘야 합니다.

저속 셔터, 플래시 사용

⊕2 보정 후 촬영

26

배경처리를 잘해야 인물이 더욱 돋보인다

1 _ 인물과 배경의 관계

인물 사진은 우리가 일상에서 스마트폰으로 가장 많이 촬영하는 사진입니다. 인물 사진은 주 피사체인 인물에 모든 것이 달려 있습니다. 인물의 감정, 포즈, 구도 등 다양한 요소가 인물 사진의 성공을 결정합니다. 하지만 인물 사진을 좀 더 돋보이게 하려면 어떻게 해야 할까요? 그 방법 중의 하나는 바로 배경의 선택과 처리에 있습니다. 때로는 흥미롭고 다양한 배경이 인물 사진에 많은 이야기를 만들어 냅니다.

멋진 카페에서 인증샷을 촬영하거나 여행지에서 촬영할 때 배경도 살펴봐야 합니다. 배경이 인물에 좋은 것인지 아닌지를 판단해야 합니다. 좋은 배경이란 주제인 인물을 멋지게 살아나게 하는 단순한 배경입니다. 음영을 나타내는 톤이나 분위기, 색상 등이 조화로운 것을 말합니다. 좋은 배경은 색상과 여러 요소들이 단순하고 정리되어 있는, 인물을 살리는 배경입니다. 인물 사진에서 배경은 주제인 인물만큼 중요합니다.

스튜디오 단순 배경 인물 사진

2 _ 인물 사진을 살리는 배경에 주의할 점

대부분 인물 사진은 배경을 흐리게 하면 인물인 피사체가 더욱 강조되고 살아난다

우리가 대부분 봐왔던 인물 사진들은 거의 인물에 초점이 맞아 있는 사진입니다. 인물은 선명하고 배경은 흐리게 처리한 아웃포커스 사진이 인물을 강조합니다. 아이폰 인물 사진 모드나 갤럭시 라이브포커스 모드를 사용해서 배경을 흐리게 하세요. 주제인 인물은 선명해지고 배경은 흐리게 처리되어 인물이 강조됩니다. 단, 여행지에서 기록사진을 너무 아웃포커스 한다면 기록사진으로서 의미가 없어지겠죠. 배경을 살려야 할 때는 배경과 인물 모두를 살리고 인물을 살려야 할 때는 인물만 살려야 한다는 말입니다.

아웃포커스 인물 사진과 팬포커스 인물 사진 비교

단순하거나 밝은 흰색 배경이 인물을 살린다

보는 사람의 시선을 인물에 집중하게 하려면 배경이 단순하고 단색이어야 합니다. 단색 배경과 밝은 느낌 배경은 오래 전부터 인물 사진에 자주 쓰인 배경입니다. 인물을 살릴 수도 있고 인물의 시선 방향에 따라 여백도 살릴 수 있어 좋습니다. 또한 흰색 배경은 깨끗하고 순결한 이미지의 인물 사진을 만듭니다. 화사한 느낌, 밝은 모습 인물 사진을 원한다면 단순하고 밝은 흰색 배경을 활용해 보세요.

어두운 색이나 검은색 배경이 인물의 우아함과 신비로움을 나타낸다

단순하고 밝은 색의 배경이 인물을 화사하고 밝은 느낌을 만든다면, 어두운 색이나 검은색 배경은 인물의 우아함과 신비로움을 나타낼 때 사용합니다. 어두운 색이나 검은색 배경을 사용해서 인물 사진을 촬영하면 배경 대비 인물이 밝게 강조됩니다. 배경이 어두운 곳을 찾아 인물을 배경과 어느 정도 거리를 두어야 합니다. 인물을 더욱 밝게 나오게 하려면 스마트폰 노출 조절을 피사체인 인물 밝은 부분에 맞춰야 합니다. 촬영 후 인물 사진이 약간 어둡다면 후보정으로 밝기를 약간 조절합니다.

어두운 색 배경 인물 사진

배경이 산만하면 인물에 시선이 집중되지 못 한다

배경이 색상이나 여러 가지 요소들로 산만해지면 보는 사람의 시선이 인물에 집중할 수 없게 됩니다. 피사체인 인물에 집중하고 인물을 살리고 싶다면 배경을 정리해야 합니다. 인물보다 시선이 먼저 가는 복잡한 배경을 피하고 산만한 요소들을 하나씩 빼내야 합니다. 촬영하려는 장소에서 정리되지 않는다면 장소를 조금씩 옮겨 가면서 최상의 위치를 찾아야 합니다. 촬영하는 사람이나 피사체인 인물 중 하나가 움직여서 위치를 찾아야 합니다.

산만한 배경 인물 사진

배경과 보색 관계인 의상만으로도 인물 사진을 돋보이게 할 수 있다

인물 사진에서 인물 못지않게 중요한 요소가 바로 의상입니다. 화사한 꽃밭에서 비슷한 색의 옷을 입는다고 생각해 보세요. 꽃과 비슷한 색을 입은 인물이 화려한 꽃에 묻혀 보이지 않게 됩니다. 초록색이 가득한 산과 들에서도 비슷하거나 묻히는 색상을 입는다면 마찬가지겠죠. 사진에서 보색은 아무리 강조해도 지나치지 않습니다. 배경과 보색인 옷만 입어도 인물 사진은 한결 살아납니다. 인물과 배경 모두 살아나게 하려면 보색을 잘 활용해서 촬영하세요.

보색 의상 인물 사진

배경색에 따라 인물 사진의 느낌이 달라진다

밝은 느낌의 흰색과 우아함의 검은색 배경 효과에 대해서는 알아 봤습니다. 그럼 일상에서 자주 만나는 다른 색들은 인물 사진에 어떤 느낌을 줄까요? 중성색인 회색 배경은 시선을 분산시키지 않고 자연스럽게 인물을 강조하는 색입니다. 붉은색 배경은 색의 성격 그대로 사람들의 시선을 피사체로 집중하게 만듭니다. 피사체인 인물이 붉은색 옷을 입었을 경우에도 같은 효과를 가져 옵니다. 노란색 배경색은 넘치는 에너지와 행복한 느낌을 줍니다. 밝은 초록색은 편안함과 온화한 느낌의 인물 사진을 만듭니다.

배경색에 따라 달라지는 인물 사진

27

인물 사진을 작품처럼 잘 찍는 방법

1 _ 인물 사진을 잘 찍으려면 앵글이 정답이다

스마트폰 카메라로 인물 사진을 잘 찍는 방법은 사진의 각도, 앵글에 있습니다. 좋은 사진을 위한 구도와 배경 선정, 부제 정리 등을 끝냈으면 앵글이 정답입니다. 인물 사진을 촬영하는 것은 인물을 복제하고 기록하는 것만이 아닙니다. 인물의 감성과 특징을 잘 나타내고 단점을 보완해야 합니다. 그런 다음 인물 사진을 약화시키는 여러 요소들을 스마트폰 화면에서 빼나가면 됩니다. 앵글은 이전에서 본 것처럼 하이 앵글, 아이 레벨, 로우 앵글이 있습니다. 극단적인 익스트림 하이 앵글과 로우 앵글은 인물 사진에서는 제외합니다.

우리가 보는 일상적인 각도, 아이 레벨

이미 배웠듯이 아이 레벨은 가장 일반적이고 많이 사용되는 앵글입니다. 촬영자와 인물이 비슷한 눈높이에서 바라보는 것이라 안정적이고 편안합니다. 인물 자체 단점이 쉽게 드러날 수 있어서 구도에 신경을 써야합니다. 배경과 인물의 위치, 시선 방향, 공간 처리까지 신경 써야 할 부분이 많습니다.

아이 레벨 인물 사진

깜찍하고 귀여운 느낌의 하이 앵글

높은 곳에서 피사체인 인물을 내려다보는 하이 앵글은 머리보다 몸이 상대적으로 작게 표현 됩니다. 인물의 다양한 표정을 담기에 좋고 원근감 효과로 눈은 크게 턱은 역삼각형으로 갸름하게 나옵니다. 귀엽고 발랄한 인물 사진 연출에 좋은 앵글입니다. 적당한 거리를 유지하지 않으면 머리가 상대적으로 커 보일 수 있습니다. 스마트폰 카메라는 기본적으로 광각렌즈라 인물이 왜곡될 수 있어 일정한 거리 유지가 필요합니다.

하이 앵글 인물 바스트 샷

다리를 길게 머리는 작게, 로우 앵글

로우 앵글은 촬영자가 피사체인 인물보다 낮은 각도에서 촬영하는 앵글입니다. 허리 아래에서 무릎 사이 높이로 촬영하는 것이 효과적입니다. 광각렌즈 특성상 다리가 길어 보이고 머리는 작게 나와 모델 같은 분위기를 만듭니다. 배경으로 건물 등이 있을 경우 높이감과 웅장한 공간감을 줄 수 있습니다. 역동적인 스포츠 인물 사진에도 적합한 촬영 방법입니다.

전신사진과 상반신 사진 촬영법

스마트폰 카메라로 인물 전신사진을 촬영할 때 위에서 말한 앵글과 또 다른 주의점이 있습니다. 스마트폰 기본 카메라에서 사진 비율을 4:3으로 선택합니다. 그대로 앉아서 자세를 허리 아래로 낮추거나 스마트폰 카메라를 뒤집어서 배꼽아래에서 촬영합니다. 또한 인물 발끝을 스마트폰 카메라 화면 아래쪽에 맞추고 촬영합니다. 자연스런 로우 앵글이 되어 전신이 길어 보입니다. 주의할 점은 인물의 발끝이 잘리면 어색한 사진이 됩니다.

상반신 인물 사진은 분위기보다 인물에 중심을 두는 촬영입니다. 상반신 사진은 다리 부분이 보이지 않기 때문에 얼굴이 작게 나오는 것이 중요합니다. 얼굴이 작게 나오려면 카메라 화면에서 인물 머리 위 공간 여백이 중요합니다. 머리 위 공간이 부족하면 인물 머리가 크게 보이고 사진이 답답해 보입니다. 또한 팔을 늘어뜨릴 경우 팔이 잘리면 어색한 사진이 될 수 있습니다. 손목이나 팔꿈치 등에서 인물이 잘리지 않도록 포즈 연출이 필요합니다.

로우 앵글 상반신 사진과 전신 NG 사진

가로구도와 세로구도 인물 사진

가로구도 인물 사진은 우리 눈에 가장 익숙한 구도입니다. 수평 구도라고도 하는 가로구도는 편안함을 찾는 우리 감각과 일치합니다. 풍경과 조화롭게 인물 사진을 촬영하고 싶다면 가로구도로 촬영합니다. 세로구도 인물 사진은 풍경보다 인물을 중심으로 강조하고 싶을 때 촬영법입니다. 인물 중심으로 감정을 드러낼 수도 있고 인물의 표정을 살리는 촬영입니다. 세로구도에서 배경을 강조하면 인물이 배경에 묻힐 수도 있습니다.

가로구도, 세로구도 인물 사진

2 _ 스마트폰으로 인물 사진을 잘 찍으려면

인물에 가까이 다가가서 관찰한다

스마트폰 카메라 특성 상 멀리 있는 인물을 확대하면 화질을 보장할 수 없습니다. 인물에 최대한 가까이 다가가서 관찰하고 최적의 앵글을 찾으세요.

부드럽고 좋은 빛을 찾는다

이른 아침이나 늦은 오후의 부드러운 빛을 이용해야 합니다. 이른 아침이나 늦은 오후의 빛은 질감을 살아나게 하고 부드러운 인물 사진을 만드는 조건입니다.

모델 같은 전신사진 비율을 원하면 로우 앵글로 다리를 길게 촬영한다

인물의 관절 부분을 자르지 말아야 한다

자연스러운 인물 사진을 위해 인물 관절 부분을 자르는 것은 피해야 합니다. 팔꿈치, 손목, 발목, 무릎 등에서 자르지 말아야 합니다. 무릎 위에서 자르고 인물의 머리 부분이 스마트폰 화면 중앙에 위치하도록 구도를 잡아야 합니다.

배경의 선과 요소들을 주의한다

머리위로 솟아 오른 나무와 전신주, 건물의 첨탑을 조심하세요. 또한 목을 가로지르는 수평선과 배경의 선들도 주의하세요.

자연스러운 인물 표정을 위해 연사로 촬영한다

하나, 둘, 셋하고 외치는 것을 피하고 인물의 자연스러운 표정을 위해 연사로 촬영하세요.

인물을 살리는 단순한 배경을 찾는다

인물 사진에 배경이 중요한 이유는 이미 잘 알고 있습니다.

28

포즈 연출을 잘 해야 사진이 돋보인다

1 _ 인물 사진 완성은 포즈가 결정한다

우리가 가장 많이 촬영을 해서 쉬울 것 같지만 촬영 후 어딘지 어색한 것이 인물 사진입니다. 자연스러운 모습의 인물 사진을 원하지만 어색한 표정과 눈길은 갈 곳을 잃어버립니다. 셀카를 촬영할 때 자연스러웠던 손은 안정감을 잃고 불편한 모양입니다. 이때 필요한 작은 요소들이 포즈를 조금씩 수정하는 것입니다. 멋진 인물 사진을 완성하는 중요한 점은 포즈에 있습니다. 포즈를 어떻게 취하는지 조금만 알아도 좋은 사진을 촬영할 수 있습니다.

첫째, 인물 사진에서는 삼각형 구도를 포즈에 많이 사용한다

삼각형 구도는 가장 안정적이고 편안한 구도입니다. 인물 전체를 삼각형 구도로 모양을 만들 수도 있습니다. 몸에서 구부러지는 부분인 관절을 이용해서 삼각형 구도를 만들 수도 있습니다. 주변 요소들을 활용해서 삼각형 구도를 완성할 수도 있습니다.

삼각형 구도 웨이스트 샷과 정물과
어우러진 삼각형 구도 인물

둘째, 신체 부위를 잘라서 촬영할 경우에는 방법이 있다

인물 사진을 촬영할 때 몸을 자르는 방법에 따라 사진이 달라집니다. 가장 기본적인 규칙은 구부러질 수 있는 부분을 자르지 않는 것입니다. 목, 팔꿈치, 손목, 손가락, 엉덩이 라인, 무릎, 발목, 발가락 등 몸에서 구부러질 수 있는 모든 부분이 잘리면 사진이 어색해 집니다. 신체부분을 크게 자르는 방법은 구부러지는 부분들을 피한 어깨, 가슴, 허리, 무릎 위 등에서 자르는 것입니다.

신체 일부 잘린 샷과 정상적인 샷 예제

셋째, 인물 사진을 촬영할 때 시선의 방향에도 신경을 써야 한다

사진 속의 인물이 바라보는 방향이 사람들 시선이 머무는 곳입니다. 사진 속 인물이 바라보는 방향을 여백 없이 막아 버리면 보는 사람들은 답답함을 느끼게 됩니다. 시선 방향에 따라 그 부분에 여백을 주면서 공간적인 여유를 줘야 합니다. 보는 사람들이 안정적이면서 인물 사진 포즈 완성도도 높아집니다.

인물 사진 시선 방향에 따른 여백

2 _ 놓치기 쉬운 인물 사진 포즈 연출하기

서 있는 자세만 바꿔도 이미지가 달라진다

서 있는 몸의 각도를 간단하게 조정하면 더 나은 인물 사진이 됩니다. 정면을 바라보는 인물 사진은 몸을 더 크게 보이고 뚱뚱하게 만듭니다. 날씬하게 보이는 인물 사진을 촬영하려면 정면보다는 약간 몸을 비틀어서 카메라를 보게 하세요. 몸의 각도를 비트는 것만으로도 허리 라인이 살아 날씬하게 만듭니다.

정면 인물 반신 사진과 약간 비튼 정면 사진

서있을 경우 다리와 팔의 위치가 중요하다

다리가 정면을 바라보고 팔이 늘어지면 몸이 직사각형이 됩니다. 다리를 교차시키고 늘어진 팔을 살짝 구부리는 것으로 해결할 수 있습니다.

팔을 늘어뜨린 샷과 수정한 사진

다리와 팔을 수정하는 간단한 방법으로 몸의 곡선이 살아납니다. 팔을 몸에서 떼어내서 다양한 연출을 해보는 연습이 필요합니다. 손 처리가 어색하다면 스마트폰과 같은 간단한 소품을 손에 쥐고 촬영하면 좋아집니다.

다리를 어깨 넓이만큼 벌리면 힘이 넘치고 자신감 있는 사진이 됩니다. 의도한 것이 아니라면 한쪽 다리를 구부리거나 위치를 바꾸는 것만으로도 분위기가 달라집니다. 발은 주변에 활용할 것들이 있으면 그곳에 얹어 두 다리 각도를 변경하는 것도 좋은 방법입니다.

다리를 모으고 한 쪽 다리를 구부린
측면과 다리 위치를 다르게 한 사진

의자에 앉아서 촬영할 경우 의자 끝에 비스듬하게 앉는 것이 좋다

의자에 깊숙이 정면으로 들어앉게 되면 몸의 라인이 살아나지 않습니다. 의자 끝에 살짝 걸쳐 앉고 스마트폰 카메라를 조금 비스듬하게 쳐다보는 것이 방법입니다. 다리 방향은 나란히 두는 것보다 카메라쪽 다리가 앞으로 나오는 것이 좋습니다. 이때 팔은 자연스럽게 무릎에 두거나 교차시켜도 좋습니다. 팔이 피사체인 인물보다 앞으로 나와 인물을 가리면 몸이 커 보입니다. 또한 팔이 인물의 몸과 수직선이 되면 몸은 더 뻣뻣해 보입니다. 스마트폰 카메라는 인물 눈높이보다 약간 높은 위치에서 촬영합니다.

의자에 들어앉은 정면 인물 사진과 끝에 비스듬하게 앉은 인물 사진

인물 사진에서 손은 많은 것들을 나타낸다

인물 사진에서는 가장 사소하게 지나치는 손과 손가락이 포즈에 큰 영향을 줍니다. 손 모양에 주의를 기울이고 손가락을 모두 붙여서 카메라 쪽으로 향하게 하지 마세요. 손이 형태를 이뤄서 커 보일 뿐만 아니라 강한 느낌을 줍니다. 약간 각도를 비틀어 손을 작게 만드는 것이 필요합니다. 손 처리가 어색하다면 손에 무언가를 쥐거나 소품을 활용해서 손을 움직이게 만들면 됩니다.

손등 정면 향한 웨이스트 샷과 손 각도 조절 사진

좋은 포즈는 연습이 필요하다

사진을 촬영할 때 마다 한 가지씩 연습을 하다보면 자연스러운 포즈가 가능해 집니다. 포즈는 피사체인 인물을 가장 예쁘게 보이고 잘 표현하려고 하는 것입니다. 너무 정형화된 포즈는 자연스러움이 사라져 더 어색해 질 수 있습니다. 피사체인 인물이 가장 자연스럽게 스스로 포즈를 취할 때가 가장 좋은 포즈입니다.

3 _ 인물 사진 포즈 연출 연습 사이트

요즘에는 인물 사진 촬영할 때 포즈를 틀에 맞출 수 있는 사진 어플도 많이 있습니다. 이 책에서는 개인 정보 유출 문제로 시끄러운 중국 사진 어플들은 제외했습니다. 그러다보니 어플보다는 시간 날 때 마다 한 번씩 들러볼만한 포즈 사이트를 살펴볼까 합니다. 이 사이트는 여자와 남자, 아이들과 커플, 단체 사진, 결혼사진 등 총 여섯 가지 포즈를 예로 보여주고 있습니다. 포즈가 어렵다면 한 번씩 보다보면 좋은 포즈 연출에 많은 도움이 됩니다. 굳이 번역하지 않아도 그림만 보면 이해되는 쉬운 사이트입니다.

디지털 포토그래피 스쿨

구분	웹사이트	QR 코드
디지털 포토그래피 스쿨	https://digital-photography-school.com/?s=sample+poses	
여자 포즈1	https://digital-photography-school.com/21-sample-poses-photographing-female-models/	
여자 포즈2	https://digital-photography-school.com/posing-guide-photographing-women-2/	
남자 포즈	https://digital-photography-school.com/21-sample-poses-to-get-you-started-with-photographing-men/	
커플 포즈	https://digital-photography-school.com/posing-guide-21-sample-poses-to-get-you-started-with-photographing-couples/	
아이들 포즈	https://digital-photography-school.com/posing-guide-21-sample-poses-to-get-you-started-with-photographing-children/	
단체사진 포즈	https://digital-photography-school.com/posing-guide-21-sample-poses-to-get-you-started-with-photographing-groups-of-people/	

29

개성을 돋보이게 하는 셀프카메라 잘 찍는 방법

1 _ 인물을 화사하게 만드는 빛 찾기

　야외에서나 실내에서나 인물을 부드럽게 만드는 확산광을 찾으세요. 인물 사진에 최고의 조명은 자연광입니다. 야외에서는 건물이나 나무 그늘에서 촬영하세요. 그늘이 없다면 역광상태에서 촬영하고 인물을 보정하세요. 역광 상태에서 어둡게 촬영된 인물은 보정을 하거나(2-10 스마트폰 노출 조절 참고) 아이폰인 경우에는 LightApp이라는 어플을 사용하세요. LightApp은 역광의 어두운 얼굴을 살리거나 과다 노출된 사진을 살리는 무료 어플입니다. 실내에서는 조명이 머리 위에서 인물을 내려 비추는 것을 피하세요. 눈 밑에 나타나는 그림자는 인물 사진을 망치는 지름길입니다.

| 아이폰 역광 인물 보정어플 | https://lightapp.me/ | |

역광 인물 사진과 역광 보정 인물 사진

역광 인물 사진과 역광 보정 인물 사진

2 _ 비율과 앵글 조절하기

스마트폰 셀프 카메라는 4:3 비율로 촬영하는 것이 인물을 강조하기에 좋습니다. 앵글은 스마트폰 카메라를 약간 올려다보는 하이앵글로 촬영합니다. 가까운 눈은 크게, 멀리 있는 턱은 작고 갸름하게 표현됩니다. 촬영할 때 머리를 약간 기울이면 좀 더 자연스러운 셀카가 됩니다. 몸의 방향은 정면보다는 45° 정도 비스듬하게 비틀어 촬영하는 것이 좋습니다. 얼굴만 가까이 촬영하는 것보다 상반신까지 나오게 촬영하는 것이 좋습니다.

3 _ 스마트폰 카메라를 최대한 멀리 두기

스마트폰 카메라 특성 상 너무 가까이에서 셀카를 촬영하면 렌즈 왜곡이 발생합니다. 스마트폰 화면 중앙부를 제외한 주변은 왜곡에 의해 인물이 커져 보입니다. 가능한 한 손을 뻗어 스마트폰을 멀리 잡도록 하세요. 멀리 잡는 것에 한계가 있다면 셀카봉이나 작은 삼각대를 활용하는 것도 좋은 방법입니다.

4 _ 얼굴형에 따른 가장 좋은 촬영 각도 찾기

사람들은 각자 사진이 잘 나오는 각도가 있습니다. 어느 쪽 얼굴이 더 사진이 잘 나오는지 파악하고 있으면 단점을 보완할 수 있습니다. 목을 움츠리지 말고 쭉 펴고 머리를 앞으로 살짝 내밀어 촬영합니다. 턱을 몸 쪽으로 당기면 원근감에 의해 턱 선이 더욱 갸름하게 됩니다. 달걀형 얼굴은 어느 방향에서 촬영해도 좋은 인물 사진을 만듭니다. 사각형이나 통통한 얼굴형은 정면을 피하고 손을 이용해서 단점을 보완하는 포즈를 찾아봅니다.

과감한 클로즈업 셀카

5 _ 주변 환경 이용하기

주변에서 흔하게 볼 수 있는 요소들을 반사판으로 사용해 인물에 빛을 더하세요. 한낮 그늘에 들어오는 건물에서 반사된 빛이나 빛이 잘 들어오는 카페를 활용하세요. 하얀색으로 칠해진 조명이 있는 화장실도 좋은 반사판 역할을 합니다.

6 _ 깨끗하고 단순한 배경 찾기

인물 사진 배경 부분에서 살펴봤듯이 단순한 배경이 인물에게 더욱 집중할 수 있습니다. 매력적인 셀카도 단순한 배경에서 촬영하는 것이 더욱 좋습니다. 깨끗하고 단순한 흰색 벽이나 질감이 있는 배경을 찾으세요. 또한 촬영 배경이 어두우면 인물이 강조되고 날씬하게 보입니다.

파트 5에서는 스마트폰 카메라로 촬영할 수 있는 다양한 사진으로, 음식 사진, 풍경 사진, 멋진 바다 사진, 반영 사진, 야경 사진, 흑백 사진, 제품 사진 등에 대해서 촬영법을 알아봤습니다.

PART 05

음식, 풍경, 반영, 야경, 제품 사진 촬영하기

30

음식 사진을 잘 찍는 법: 각도, 구도, 조명에 달려 있다

  스마트폰 카메라로 인물 사진 다음으로 많이 찍는 것이 음식 사진입니다. 많이 찍는 것이 음식 사진임에도 우리는 음식을 먹기 전 인증 샷 정도로 생각합니다. 하지만 이왕 보여주기 위해 찍는 음식 사진이라면 좀 더 잘 찍고 싶은 것이 당연합니다. 어떻게 찍어야만 따스한 김이 모락모락 올라오는 음식과 육즙 가득한 음식이 표현될까요? 음식 사진을 어떻게 찍어야 음식이 정말 맛있게 보일까요? 값비싼 전문적인 카메라가 아니라도 스마트폰 카메라만 있으면 충분합니다.

버즈아이 뷰 음식 사진 : 인천 체나콜로

1 _ 음식이 맛있게 보이는 각도와 구도 찾기

음식 사진은 인물 사진이나 다른 사진들보다 구도 잡는 일이 쉬울 수 있습니다. 우리가 음식 사진에서 가장 많이 보아왔던 '버즈 아이 뷰(탑 뷰)'가 일반적인 음식 사진 구도입니다. 새가 날아가는 높이에서 본다고 해서 버즈 아이 뷰라 불립니다. 말 그대로 음식을 바로 위에서 수직으로 내려다보듯 촬영하는 것입니다. 웬만하면 음식 사진은 버즈 아이 뷰로 촬영하면 70%는 성공입니다. 위에서 내려다보면서 촬영할 때는 조명에 의해 생기는 그림자를 신경 써야 합니다.

또 한 가지 중요한 것이 바로 음식을 촬영하는 각도입니다. 대부분의 음식 사진은 위에서 내려다보면서 촬영하면 성공이지만 거기에 각도까지 신경 쓴다면 더욱 좋습니다. 화려한 플레이팅의 양식이나 디저트 등은 위에서 내려다보는 구도가 좋습니다. 하지만 고기나 단면이 잘린 샌드위치 등 질감이 있는 음식이라면 촬영하는 각도가 중요합니다. 바로 위에서 보는 것이 아닌 내가 앉아있는 눈높이에서 바라보는 각도가 촬영하기에 좋습니다.

| 버즈아이 뷰 | 사이드 뷰 |

그릇이 평평한 것이 아닌 깊이가 있다면 이럴 때도 45° 정도의 촬영 각도가 좋습니다. 음식 전체를 보여 줄 것인지 아니면 음식 한 부분을 강조할 것인지에 따라 각도가 달라져야 합니다. 음식을 내가 바라보는 정면이나 낮은 각도에서 촬영하는 것은 피해야 합니다. 먼저 음식 전체나 일부분을 위에서 촬영하고 내가 앉아서 바라보는 45° 각도로 한 장 더 촬영합니다. 물론 빛이 비추는 방향을 신경 쓰면서 촬영합니다.

2 _ 빛이 음식을 비추는 방향을 파악하기

좋은 빛, 혹은 밝은 빛은 음식 사진의 질감과 색상을 살리는데 아주 중요합니다. 빛은 어느 방향에서 비추고 있는지, 나는 음식의 어떤 부분을 보여주고 싶은지 결정해야 합니다.

음식 사진에도 부드러운 확산광이 좋다

인물 사진에서도 그랬듯이 거친 그림자를 방지하고 음식이 맛있어 보이려면 부드러운 확산광이 좋습니다. 부드러운 빛이 들어오는 자리는 카페나 식당에서 빛이 들어오는 창가 자리나 밝은 조명이 은은하게 비추는 자리입니다. 빛이 확산되지 않고 강하게 비추면 음식 사진이 거칠어지고 그림자도 심해집니다.

순광보다는 사광과 역광이 좋다

정면에서 비추는 순광은 음식의 질감을 떨어뜨립니다. 음식이 부드럽고 맛있어 보이게 하려면 사광이나 역광을 사용해야 합니다. 사광, 옆에서 비추는 빛은 음식의 질감과 밝은 느낌을 살립니다. 피사체의 뒤에서 카메라쪽으로 비추는 역광은 음식을 더욱 신선하고 생기 있어 보이게 합니다. 역광과 사광이 섞인 역사광의 경우 질감과 신선함이 가장 잘 느껴지는 빛이라 할 수 있습니다. 모락모락 올라오는 김을 촬영하려면 어두운 배경을 골라 역사광으로 촬영하면 됩니다.

사광 음식 사진: 인천 체나콜로

3 _ 인물 사진 모드를 활용해 음식을 강조하고 배경을 분리하기

굳이 음식 전체를 스마트폰 화면에 담으려고 애쓰지 않아도 됩니다. 음식이 맛있어 보이는 것에만 집중해서 가까이 다가가도 됩니다. 이럴 때 필요한 것이 인물 사진 모드입니다. 인물 사진 모드를 활용하면 음식과의 거리가 훨씬 가까워집니다. 거리가 가까워지면서 질감이 살아나고 인물 사진 모드 특성 상 배경 흐림 효과가 살아납니다. 피사계심도가 얕아 지면서 주제인 음식에 더욱 집중할 수 있게 됩니다.

음식을 포크나 젓가락으로 들어 올려 촬영할 때도 인물 사진 모드로 촬영하면 주제가 살아납니다. 이때는 촬영하는 각도가 위나 45°가 아닌 측면이나 정면이면 좋습니다. 한 가지 주의할 점은 버즈 아이 뷰로 촬영할 경우 인물 사진 모드로 촬영하면 안 됩니다. 위에서 내려다보는 버즈 아이 뷰는 전체적으로 선명할 때 음식이 맛있고 화려해 보입니다. 인물 사진 모드로 촬영하면 피사계심도가 얕아져 초점이 맞은 부위만 살아나기 때문입니다.

버즈 아이 뷰로 촬영하기 어색하거나 전체적인 음식과 그릇 배치가 마음에 들지 않는다면 과감하게 다가가야 합니다. 인물 사진 모드와 함께 접사 모드(근접 촬영)로 촬영하면 또 다른 느낌을 주는 사진이 됩니다. 갤럭시 S20의 경우는 5㎝까지 근접 촬영이 가능합니다. 아이폰은 근접 촬영이 힘들지만 촬영하려는 부분을 확대해서 초점을 고정시키면 근접촬영 효과가 납니다.

4 _ 화이트밸런스 조절로 음식의 색을 살리기

사람들이 식욕을 느끼는 색상이 붉은색과 주황색, 노란색 같은 따뜻한 색들이라고 합니다. 음식 사진을 촬영할 때 실내조명이 붉은색 계열이라면 자동으로 촬영해도 좋습니다. 그렇지 않다면 스마트폰 화이트밸런스를 수동으로 조절해서 수치가 높은 쪽(10,000 방향)으로 이동해서 촬영합니다. 음식 사진에 붉은색이 돌게 만들어야 합니다. 푸른색이 도는 음식 사진은 맛있게 보이지도 않고 식욕이 떨어져 보입니다.

31

내 사진을 한 단계 업그레이드해 줄 32명의 인스타그램 팔로워

다음 표의 앞쪽 두 페이지는 인스타그램에서 추천하는 팔로우할 만한 사진 인스타그램이고, 뒷장은 개인적으로 팔로우하고 있는 사진 인스타그램입니다. 다른 사람의 사진을 보고 눈에 익히다 보면 어느 순간 내 사진도 많이 좋아져있을 것입니다.

Photography	Instagram	AR Code
풍경 사진, 여행 사진	www.instagram.com/packtography/	
	www.instagram.com/airpixels/	
	www.instagram.com/chrisburkard/	
	www.instagram.com/punkodelish/	
	www.instagram.com/hannes_becker/	
	www.instagram.com/eevamakinen/	
	www.instagram.com/brahmino/	
	www.instagram.com/ilhan1077/	
	www.instagram.com/Janske/	

	www.instagram.com/MikeKus/	
	www.instagram.com/laurenepbath/	
	www.instagram.com/macenzo/	
	www.instagram.com/yamashitaphoto/	
	www.instagram.com/cestmaria/	
	www.instagram.com/drcuerda/	
흑백 사진, 음식 사진 인물 사진, 사진디자인	www.instagram.com/KatieJameson/	
	www.instagram.com/alice_gao/	
	www.instagram.com/monaris_/	
	www.instagram.com/anniset/	
	www.instagram.com/alan_schaller/	
	www.instagram.com/martabevacqua/	
	www.instagram.com/jordhammond/	

흑백 사진,, 거리 사진 사진디자인	www.instagram.com/mr.oldschool_/	
	www.instagram.com/bnw.minimalism/	
	www.instagram.com/minimalistphotographyawards	
	www.instagram.com/milkywaychasers/	
흑백 사진,, 거리 사진 사진디자인	www.instagram.com/the.street.photography.hub/	
	www.instagram.com/magazine35mm/	
	www.instagram.com/darkroom_daydream/	
	www.instagram.com/storyofthestreet/	
	www.instagram.com/bnw.zone/	
	www.instagram.com/fineartzone/	

32

작품같은 풍경 사진을 위한 빛과 구도

문득 눈앞에 펼쳐진 멋진 장면에 반해 우리는 사진을 찍습니다. 하지만 결과물은 내가 눈으로 보고 가슴으로 느꼈던 감동적인 장면이 아닙니다. 어떻게 해야 멋진 풍경 사진을 촬영할 수 있을까요? 어떻게 촬영해야 내가 느낀 멋진 감동을 다른 사람에게 전할 수 있을까요?

그 답은 빛이 언제 어디에서 비추는지에 대한 것과 사진을 완성하는 구도에 있습니다. 사진에 있어서 빛이 얼마나 중요한지는 인물 사진에서 이미 알아 봤습니다(4-23 인물 사진에서는 빛이 가장 중요하다).

또한 우리는 인물 사진을 위한 구도에서 기본적인 구도들을 배웠습니다. 3분할 구도와 수평·수직 구도, 대각선 구도와 소실점 구도, 삼각형·역삼각형 구도, S자형 구도 등이 그것입니다. 인물 사진을 위한 구도들은 풍경 사진에도 그대로 적용됩니다. 이제부터 풍경 사진에서 빛의 중요성에 대해 알아보겠습니다. 풍경 사진을 위한 기본적인 구도도 간단하게 다시 알아보겠습니다. 그 후에 더 좋은 풍경 사진을 위해 어떤 점들을 신경 써야 하는지 살펴보겠습니다.

1 _ 좋은 풍경 사진은 빛이 만든다

당연한 이야기지만 모든 사진은 빛을 잘 살펴야하고 빛이 좋아야 합니다. 특히 풍경 사진은 빛의 시간대와 방향에 따라 분위기가 많이 달라집니다.

흐린 날의 확산광은 부드러운 풍경을 만든다

흐린 날 하늘을 덮은 구름에 확산된 빛은 약한 그림자와 부드러운 풍경을 만듭니다. 구름을 통과한 빛은 직사광처럼 강하지 않기 때문에 밝고 어두운 부분의 차이가 크지 않습니다. 그림자가 거의 생기지 않거나 생겨도 약하기 때문에 부드러운 사진이 됩니다.

흐린 날 확산광 풍경 사진 예제

한 낮의 강한 빛은 형태를 강조하고 진한 그림자를 만든다

한 낮의 직사광은 빛이 강해 밝은 부분과 어두운 부분의 경계가 분명해 집니다. 강한 빛으로 컬러 밸런스가 깨져 정확한 색상을 표현하는 것에는 좋지 않습니다. 밝고 어두운 부분의 대비가 강해서 극적인 풍경 사진이나 흑백 풍경 사진에 좋습니다.

한 낮 직사광 풍경 사진 예제

골든아워의 빛은 따듯함과 질감이 가득한 풍경 사진을 만든다

매직아워, 골든아워로 불리는 이른 아침 시간과 해가 지기 전의 황금색 빛은 전체적으로 따듯한 느낌의 풍경 사진에 적합합니다. 붉은색과 노란색의 특성상 따듯함이 풍경 사진에 가득하기 때문입니다. 또한 이 시간대 빛은 측면에서 비추는 사광이므로 풍경 사진의 질감이 살아납니다. 사광에 의한 긴 그림자는 피사체인 풍경 사진의 형태를 살립니다.

골든아워 풍경 사진 예제

2 _ 풍경 사진을 위한 기본 구도

3분할 구도 + 수평 · 수직 구도

사진 구도 중에서 가장 안정적인 3분할 구도와 수평 구도는 풍경 사진에서 많이 쓰입니다. 안정감을 주는 수평 구도와 함께 긴장감을 주는 수직 구도 또한 복합적으로 사용합니다. 풍경 사진에서 수평선은 화면을 3분할했을 때 위나 아래 부분의 1/3위치에 둡니다. 수평선이 중앙에 위치하면 정확한 대칭을 이루지 못할 경우 어딘지 모르게 불안한 느낌을 줍니다. 수직선은 풍경 사진에 긴장감과 웅장함을 나타내는 방법입니다. 수평선과 수직선이 3분할 구도의 어느 점에서 만날 경우 원근감이 만들어 집니다.

3분할 구도 예제

수직 구도 예제

대각선 구도와 소실점 구도

대각선 구도는 풍경에 있는 대각선을 이용해서 운동감이나 원근감을 나타내는 구도입니다. 원근감을 나타내는 구도로써 소실점 구도와 더불어 많이 쓰이는 구도입니다. 대각선 기울기가 커질수록 운동감이 커지고 대각선 끝에 있는 소실점으로 사람의 시선은 자연스럽게 이동합니다. 대각선의 운동성과 소실점의 원근감을 극대화하려면 세로 사진이 좋습니다.

대각선 구도 예제   소실점 구도 예제

균형감과 안정감을 주는 삼각형 구도

삼각형 구도는 안정감을 주는 구도로서 정적이고 장엄한 느낌의 풍경 사진에 많이 쓰입니다. 가장 많이 보던 구도이다 보니 변화를 기대하기에는 너무 평범한 사진이 됩니다. 삼각형의 꼭짓점 부분을

중앙에 두면 안정적인 느낌의 풍경 사진이 됩니다. 꼭짓점 위치를 3분할 구도의 좌우측 점으로 이동하면 운동감이 생깁니다.

삼각형 구도 예제

부드러운 느낌을 주는 S자형 구도

S자형 구도는 부드러운 느낌의 풍경 사진에 좋습니다. 구부러진 길이나 계곡, 산과 강 등을 표현할 때 S자형 구도 풍경 사진은 깊이감을 더합니다. S자형 구도는 대각선 구도와 마찬가지로 사람의 시선을 주제로 유도합니다. 곡선이 주는 느낌은 주간 보다는 야간 장 노출 사진에 더욱 효과적입니다.

S자형 구도 예제

S자형 구도 예제

균형감과 회화적 느낌의 대칭형 구도

좌우나 위아래 정확한 대칭을 이루는 대칭형 구도는 풍경 사진에 균형감을 줍니다. 대칭적인 풍경을 좌우 반전시키거나 위아래를 뒤집으면 회화적 느낌도 강해집니다. 대칭 구도로 풍경 사진을 촬영할 때 대칭이 정확하지 않으면 불안한 느낌이 강해지므로 주의해야 합니다. 의도적으로 대칭을 깨트리는 요소를 작게 집어넣으면 그것 또한 효과가 좋습니다.

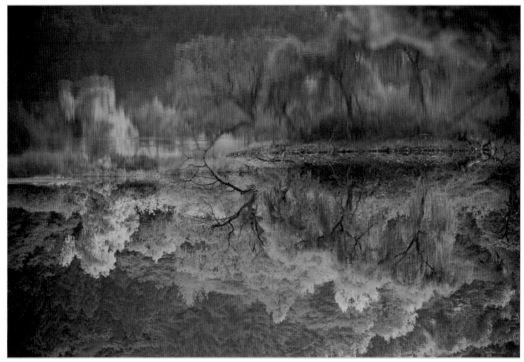

대칭형(위아래 반전) 구도 예제

3 _ 더 좋은 풍경 사진을 위해 주의할 점

좋은 풍경 사진을 찍기 위한 촬영 포인트를 찾아야 한다

멋진 풍경을 보면 나도 모르게 스마트폰 카메라를 켜서 촬영을 합니다. 내가 느낀 그대로를 사진으로 남기려 합니다. 하지만 카메라 화면을 먼저 보기 전에 우리는 먼저 살펴야 합니다. 어디서 촬영하면 가장 좋을 것인지 앵글을 찾아봐야 합니다. 빛이 어디서 비추고 있는지, 나는 어디를 주제로 할 것인지 등을 생각해야 합니다. 사진을 찍기 전에 먼저 최고의 촬영 포인트가 어딘지 찾아야 합니다. 셔터는 그 이후에 눌러도 충분합니다.

여백의 미를 살리고 단순함을 채운다

몇 번 말씀드렸지만 가득 채운다고 좋은 사진은 아닙니다. 내가 강조하려는 주제를 살리는 요소들을 최소한으로 살려 촬영합니다. 산만하게 만드는 주변은 과감하게 빼고 여백으로 남겨도 좋습니다.

풍경 사진에 여유가 생기고 편안함이 느껴집니다. 불필요한 요소들은 적극적으로 없애도 좋습니다. 홀로 외로이 떨어져 있는 단순한 느낌의 피사체를 찾으세요. 단순한 피사체가 풍경 사진의 깊이를 더하고 이야기를 만듭니다.

여백의 미 예제

자연과 일상 속에서 반복되는 패턴을 찾고 디자인적 감각을 강조한다

자연에서 반복되는 패턴이나 형태 등은 구도를 만들기 좋은 요소입니다. 사진 속에 존재하는 반복되는 규칙은 디자인적 요소로 작용합니다. 멋진 풍경이 있는 곳으로 시간을 들여 일부러 찾아 갈 필요도 없습니다.

일상생활에서 만나는 반복되는 패턴들이 사진을 매력적으로 만듭니다. 주변을 둘러보고 반복되는 패턴과 형태를 찾아보세요.

패턴 예제

프레임 속의 프레임을 적극 활용한다

프레임은 스마트폰 카메라 화면에 보이는 사진이 촬영되는 틀을 말합니다(3-18 사진 구도의 또 다른 이름, 프레이밍). 프레임 속의 프레임은 화면 안에 또 하나의 화면을 배치함으로써 주제에 시선을 집중하게 만드는 효과가 있습니다. 프레임 속의 프레임은 사진에 입체감을 더합니다. 프레임을 감싸는 프레임 형태는 사각형이든 원형이든 상관없습니다. 바깥쪽의 프레임에 의해 주제를 더욱 강조하는 효과면 됩니다.

프레임 속 프레임 예제

풍경 속 살아있는 피사체는 사진에 힘을 준다

풍경 사진에 살아있는 생명체를 포함하면 사진에 또 다른 힘과 이야기가 만들어집니다. 풍경 사진은 이미 그 자체로도 많은 이야기를 내포하고 있습니다. 하지만 단조로울 수 있는 풍경 사진에 살아있는 생명체가 들어가게 되면 사진에 생동감이 넘칩니다. 풍경이 주는 느낌과 다른 색다른 매력이 생깁니다.

대비를 적극 활용한다

대비는 사진에서 밝고 어두운 부분의 정도 차이를 말한다고 말씀 드렸습니다. 하지만 대비는 단순한 명암 차이를 말하는 것을 넘어서는 의미입니다. 대비는 비교될 수 있는 것들이 서로 다르다는 뜻으로 생각할 수 있습니다. 밝기가 다르다, 색이 다르다, 크기가 다르다 등 사진 속 대비되는 요소는 비교된 피사체를 돋보이게 만듭니다. 대비를 잘 활용하면 풍경 사진이 더욱 매력적이고 디자인적 감각이 강해집니다.

대비 예제

'내 자신의 느낌'이 가장 중요하다

하지만 풍경 사진을 비롯한 모든 사진에 있어서 가장 중요한 점은 따로 있습니다. 모든 기본적인 구도와 주의할 점에도 불구하고 '내 자신의 느낌'이 가장 중요하다는 것입니다. 내가 정말 보여주고 싶은 것을 어떻게 보여줄 것인지가 중요합니다. 어떤 것을 이야기로 만들어 전하고 싶은지가 가장 중요합니다. 일정한 법칙과 틀을 벗어난 풍경 사진이 더욱 창의적일 수 있습니다.

먼저 충분히 살펴본 후 다양한 위치에서 촬영해 보세요. 내가 몰랐던, 다른 사람들이 지나쳤던 새로운 장면이 보입니다. 구도가 기본이기는 하지만 일반화가 되지 않아도 된다는 것입니다.

[33

전경·중경·원경을 통해 입체감을 살릴 때 좋은 사진이 나온다

1 _ 풍경 사진에서 전경, 중경, 원경이란?

좋은 풍경 사진을 만드는 또 하나의 방법은 2차원의 풍경에 3차원적인 입체감을 주는 것입니다. 평면적인 사진에 3차원 입체감을 주는 방법은 피사계심도를 이용해서 피사체와 배경을 분리하거나, 소실점 구도를 이용해서 원근감을 주는 방법 등이 있습니다. 이 중 소실점 구도를 이용한 원근감을 주는 방법이 전경과 중경, 원경을 이용한 3차원적 입체감 구성과 비슷하다고 할 수 있습니다.

원경, 중경, 전경 예제

원근감은 공간적인 깊이를 만들어 내가 강조하려는 피사체에 시선이 머물게 합니다. 스마트폰 카메라는 기본적으로 광각렌즈이기 때문에 전경과 중경, 원경에 조금만 신경 쓰면 원근감이 살아납니다. 원근감이 생긴 풍경 사진은 평면적인 느낌을 벗어나 깊이를 줍니다. 또한 원근감이 생긴 풍경 사진은 풍경에 사실성을 더해줍니다. 원근감에 의해 사람들의 시선은 앞에 놓인 전경부터 시작해 자연스럽게 먼 거리 원경으로 이동합니다.

전경의 역할

전경은 스마트폰 카메라 화면 바로 앞부분에 있는 가장 가까운 사진 요소들을 말합니다. 사진 가장 앞부분에 위치해서 입체감과 공간감을 만들어 냅니다. 놓치기 쉬운 전경을 사진 속에 포함하면 2차원적 사진에 공간감이 생겨납니다. 사진 속 아애 혹은 위쪽 어느 부분에 위치하느냐에 따라 느낌이 달라집니다. 전경으로 처리된 이미지가 화면 전체를 둘러싸고 있으면 프레임 속 프레임 역할을 합니다. 전경은 자연스럽게 주제인 부분으로 시선을 유도하고 강조하는 역할을 하게 됩니다.

전경 처리 예제

중경의 역할

중경은 앞쪽 전경과 먼 거리의 원경 사이에 있는 중간 부분을 말합니다. 중경에 있는 요소들이 사진의 전체적인 분위기를 만들거나 주제가 되기도 합니다. 중경은 사진의 많은 부분을 차지할 수도 있고 전경과 원경을 이어주는 역할을 합니다. 중경은 상황에 따라서 빼도 사진의 깊이감에는 영향을 많이 주지는 않습니다. 하지만 가능하다면 근경부터 중경, 원경이 다 포함된 사진이 사진의 깊이가 더합니다.

중경 처리 예제

원경의 역할

원경은 사진 속에서 전경과 중경을 지나 가장 먼 부분을 말합니다. 원경으로 인해 사진에 깊이감이 더 해지면서 사실적인 느낌이 살아납니다. 원경은 풍경 사진에서 거의 배경으로 사용되고 있습니다. 멀리 있는 산이나 들, 바다, 수평선, 지평선 등 사진의 깊이감을 더하는 배경 역할을 합니다. 원경은 형태로 있을 수도 있고 사진 속에서 나타나는 선으로 연결되어 거리감을 나타내기도 합니다.

원경 처리 예제

2 _ 풍경 사진에서 원근감을 이용해 입체감을 살리기

풍경 사진은 전경부터 중경, 원경에 이르는 전 구간을 선명하게 촬영하면 원근감이 생겨납니다. 풍경 사진은 일반적으로 화면 전체의 피사계심도가 깊어 사진이 선명합니다. 이런 이유로 풍경 사진은 전 구간을 심도 깊게 표현하는 광각렌즈로 조리개를 조여서 많이 촬영합니다. 하지만 기본적인 촬영법을 제외하고도 다른 여러 가지 요소로 풍경 사진의 입체감과 원근감을 나타낼 수 있습니다.

점으로 연결된 원근감

원근감은 동일한 크기의 사물이라도 가까이 있는 것은 크게, 멀리 있는 것은 작게 보이는 원리입니다. 사진에서 원근감은 점과 선, 피사계 심도, 대기의 상태 등에 의해 만들어집니다.

점은 디자인의 가장 기본이 되는 요소입니다. 점은 단독으로는 위치만 나타낼 뿐 크기, 형태 등을 표시하지는 않습니다. 하지만 이런 점들이 모이면 하나의 형태를 이룹니다. 사진 디자인에서 점에 의한 원근감은 크기, 수량, 위치에 의해 변합니다. 예제 사진에서와 같이 여러 점들이 만든 형태는 가까이 있는 것에서 멀리 있는 것으로 점차 거리감이 느껴집니다. 크기와 거리는 물론 사진 속 바위처럼 밝기 차이에서도 원근감이 느껴집니다.

선과 크기로 만들어지는 원근감

선은 점이 발전한 다음 단계입니다. 선은 길이와 위치, 방향성은 가지고 있지만 입체감은 없습니다. 이러한 선이 원근감을 가지려면 한 개의 소실점을 향해서 이동하는 방향성과 위치를 가져야 합니다(소실점은 평행한 두 직선이 멀리서 볼 때 한 점에서 만나는 것처럼 보이는 것을 말합니다). 예제 사진에서 할아버지의 뒤로 늘어져있는 선은 골목 끝 소실점을 향하고 있어 깊이를 느끼게 합니다. 바다 위 바위 또한 거리에 의한 크기 차이와 눈에 보이지 않는 선으로 연결되어 완만한 원근감을 보여줍니다.

깊은 피사계심도와 아웃포커스 효과에 따른 원근감

팬포커스라고 하는 깊은 피사계심도에 의한 것과 배경을 흐릿하게 처리하는 아웃포커스에 의한 원근감은 단순하게 원근감이 깊다, 얕다로 표현하기는 힘이 듭니다. 하지만 심도 논의를 떠나서 단순하게, 표준렌즈나 광각렌즈에 의해 풍경의 앞부터 뒤까지 선명하게 나오는 팬포커스는 먼 거리까지 선명하게 보이므로 원근감이 깊다고 표현할 수 있습니다. 또한 망원렌즈나 인물 사진 모드로 촬영되어 주제를 제외한 배경이 흐려진 사진은 원근감이 얕다고 할 수 있습니다.

대기상황에 의한 원근감

대기 중의 먼지나 안개 등에 의해 빛이 흩어지는 현상(산란)에 의한 원근감입니다. 대기의 상태에 따라 멀리 있는 사물의 색이나 형태는 흐리게, 가까이 있는 사물의 색이나 형태는 또렷하게 보입니다. 아침이나 저녁 시간의 빛이 측면에서 비추는 사광이거나 역광일 때 효과가 크게 보입니다.

34

멋진 바다 사진을 더 멋지게 촬영하는 3가지 방법

시선을 이끄는 요소들과 포인트를 찾는다

멋진 파도와 펼쳐진 모래사장에 탄성이 터져 나오는 건 잠시뿐입니다. 몇 장을 촬영하지만 거의 비슷한 느낌의 사진들 뿐입니다. 보기에는 너무나 아름다운 바다지만 파도와 해안선, 모래사장뿐입니다. 파도와 수평선만 있는 바다에서 무엇을 어떻게 찍어야 할까 고민해 보신 적이 있나요? 다른 요소들이 있다면 고민은 덜 하겠지만 현실은 그렇지 않습니다. 별다르게 보이지 않는 너무나도 넓은 바다와 하늘이 있을 뿐입니다.

멋진 바다 사진을 촬영하는 첫 번째 방법은 이런 밋밋한 바다에 시선을 이끄는 요소와 포인트를 집어넣는 것입니다. 전경에 넣을 만한 요소를 찾고 포인트가 될 사람이나 물체들을 찾는 것입니다. 이런 요소들이 사진의 전체적인 분위기를 만들어가는 것은 아닙니다. 하지만 이런 요소들로 인해 밋밋한 바다 사진이 많은 이야기를 담게 되는 것입니다.

시선을 끄는 요소와 전경 예제

밋밋한 바다 사진에 전경과 사람을 넣으세요. 모래사장에 있는 작은 돌이나 바위, 해안가의 풀이나 꽃, 어느 것이나 좋습니다. 전경에 넣을만한 요소들을 찾으면 자세를 낮춰 로우 앵글로 촬영해 보세요. 눈높이에서 바라보던 바다와는 또 다른 느낌의 바다가 보이게 됩니다. 로우 앵글 촬영은 바다의 파도나 모래사장의 질감을 강조하는 하나의 방법입니다. 로우 앵글로 촬영하면 또 다른 느낌의 바다 사진이 만들어 집니다. 또한 사람이나 살아있는 생명체를 바다 사진에 포함시켜 보세요. 단조로운 풍경 사진에 살아있는 생명체가 포함된 사진은 생기가 느껴진다고 풍경 사진에서 이미 배웠습니다. 단, 주제는 바다라는 것을 잊지 말고 사람이나 생명체는 소재가 돼야 합니다.

너무 많은 사진 요소들은 시선을 분산시키고 주제에 집중하지 못하게 합니다. 내가 지금 보여주고 싶은 것은 멋진 바다 사진입니다. 이것을 생각하고 너무 많은 것들을 포함하려고 하지 말고 흥미를 더해주는 정도 역할이면 됩니다. 사진은 내가 어떤 식으로 보여주는지에 따라 부분으로 전체를 상상하게 할 수 있습니다. 많이 보여주지 않고 일부만 보여줘도 많은 상상을 하게 만들 수 있습니다.

바다 사진 예제

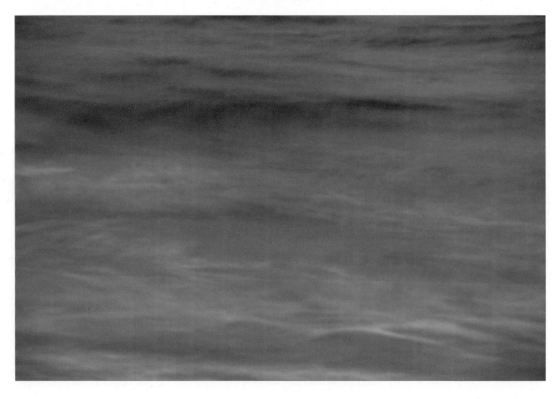

사진에 있어서 시선을 이끄는 선이 얼마나 중ㅇ한지는 이미 알고 있습니다. 바다에서 사람들의 시선을 이끌어 낼 수 있는 선을 찾아보세요. 파도가 만들어내는 선이나 해안선, 또 다른 요소들이 만들어내는 선에 집중해 보세요.

빛의 방향과 시간을 잘 이용한다

모든 사진이 다 똑같지만 특히 바다 사진은 촬영하는 시간대와 빛의 방향이 중요합니다. 해가 멋지게 떠오르는 일출시간이나 석양이 드리우는 일몰은 더없이 멋진 바다 풍경이 됩니다. 하지만 우리가 항상 이 시간대를 맞춰서 바다에 가는 것이 아닙니다. 우연히 들른 바다에서 우리는 그 순간 더없이 멋진 사진을 남기고 싶은 것입니다. 별다른 기술 없이도 바다도 파랗고 하늘도 파랗게 촬영된다면 이보다 더 좋을 수 없습니다.

바다도 파랗고 하늘도 새파랗게 나오기를 바란다면 태양을 등지고 바다를 촬영해보세요. 태양을 바라보고 촬영하면 하늘은 절대 파랗게 나오지 않습니다. 필요하다면 화이트밸런스를 수치가 낮은 쪽으로 이동해서 약간 파랗게 만들 수도 있습니다. 날이 흐리거나 미세먼지가 심한 날에는 하늘이 파랗게 나오지 않습니다. 맑은 날 태양을 등지고 촬영한다는 것을 기억하세요.

해가 떨어지는 일몰 시간 바다는 너무 아름답습니다. 일몰의 멋진 황금빛은 스마트폰 카메라의 화이트밸런스 조절과 노출 조절로 더 멋지게 촬영할 수 있습니다. 더불어 노출보정을 (−)부분으로 해주면 더 선명한 태양과 극적인 분위기를 촬영할 수 있습니다. 화이트밸런스를 이용해서 눈으로 보이는 것보다 더 예쁜 노을 색을 만들 수 있습니다. 일몰 때는 인물이 검정색으로 형태만 남는 실루엣 사진도 촬영하기 좋습니다. 실루엣 또한 단조로운 일몰 사진에 이야기를 추가하는 구성 요소가 됩니다.

흑백 사진으로 바다를 촬영한다

멋진 바다 사진을 찍었다면 후보정에서 흑백 사진으로 바꿔보세요. 똑같은 바다 사진이 또 다른 생명력을 얻는 순간이 됩니다. 흑백 사진은 태양이 강렬한 날보다 흐린 날이나 구름이 잔뜩 낀 날이 더 좋습니다. 흑백으로 바꾸는 것과 동시에 HDR 효과까지(Part 02-12 HDR 참조) 추가한다면 더 극적인 흑백 사진이 될 수 있습니다.

35

스마트폰으로 반영, 불꽃놀이, 천체, 야경, 흑백, 제품 사진도 잘 찍는 법

1 _ 환상적인 분위기의 반영(반사) 사진

반영 사진을 잘 찍기 위해서 처음 할 일은 반사되는 것들을 찾는 것이다

반영 사진은 반짝이는 물체나 물에 반사된 이미지를 촬영한 것을 말합니다. 좋은 반영 사진을 위해 환하게 밝은 날이 필요한 것이 아닙니다. 어둡고 흐린 날 혹은 비 오는 날이나 비가 그친 뒤 바닥을 살펴보세요. 작게 고인 물이나 웅덩이, 유리나 호수, 바다, 반질거리는 자동차 표면이 반영 사진을 위한 좋은 조건들입니다. 스마트폰 카메라가 촬영 가능한 근접 거리까지 가서 촬영하세요. 색다른 느낌의 반영 사진이 만들어 집니다.

산만한 주변 요소들을 제거 한다

반사된 면과 피사체를 제외한 모든 요소를 화면에서 제거하세요. 반영 사진 또한 일반사진과 마찬가지로 주변이 산만해서는 안 됩니다. 주제에 집중할 수 있도록 주변을 정리하세요.

대칭되는 반사 사진을 뒤집어 본다

반영 사진을 좀 더 디자인적, 회화적으로 보이게 하려면 촬영된 결과물을 뒤집어 보세요. 평범한 반영 사진이 환상적이거나 독특하게 보입니다.

2 _ 불꽃놀이 사진 촬영하기

플래시는 필요 없다

불꽃놀이는 멀리서 일어나기 때문에 플래시는 쓸모가 없습니다. 플래시를 자동으로 설정하면 스마트폰 앞에서 터져서 화면이 하얗게 나오거나 노이즈가 심해집니다. 플래시를 끄고 불꽃으로만 촬영하세요. 스마트폰 화이트밸런스는 붉은색이나 주황색이 많이 돌 수 있도록 높은 수치로 조절합니다.

ISO를 낮추고 셔터스피드를 조절한다

불꽃은 생각보다 많이 밝습니다. 스마트폰 카메라가 알아서 ISO를 잡도록 두면 노출이 너무 과한 사진이 됩니다. 스마트폰 카메라는 ISO를 최소 수치인 50으로 맞춰 주세요. 스마트폰 카메라 셔터스피드는 3초~1/15초 사이에서 밝기를 보며 조절하세요. 몇 번의 테스트를 거쳐서 셔터스피드를 조절하세요.

초점을 멀리 있는 고정된 건물이나 물체에 맞춰 고정한다

불꽃놀이가 시작되기 전 장소를 잘 잡은 후에 멀리 있는 건물에 초점을 맞춥니다. 초점을 고정시키고 노출을 길게 눌러서 약간 어둡게 조절합니다. 멀리 있는 건물이나 물체에 초점을 고정하지 않고 자동으로 촬영하면 카메라가 초점을 잡지 못합니다.

삼각대를 활용해서 연사로 촬영한다

어두운 밤이고 조명이 거의 없는 상황에서 흔들림 방지를 위한 삼각대는 필수입니다. 사람이 손으로 들고 찍을 수 있는 셔터스피드가 1/30초 이상입니다. 불꽃놀이는 3초~1/15초 사이에서 셔터스피드가 결정되므로 흔들리지 않으려면 삼각대를 사용합니다. 삼각대를 사용해서 연사로 촬영하면 실패할 확률이 줄어듭니다. 삼각대가 없다면 삼각대를 대신해서 지지할 만한 것을 찾아보세요.

3 _ 장노출 사진 촬영하기

장노출 사진이란 말 그대로 이미지 센서에 빛을 오랫동안 받아들였다는 말입니다. 스마트폰 카메라 셔터스피드로 말하면 1초부터 30초의 저속 셔터스피드를 말합니다. 갤럭시는 프로모드에서 30초까지 설정가능하고 아이폰은 삼각대 사용했을 때만 자동으로 30초까지 지원되고 손으로 들고 촬영시 10초까지 지원합니다. 장노출을 활용한 사진은 별이나 달 사진, 야경 사진, 자동차의 궤적 등이 있습니다. 장노출 사진은 스마트폰을 고정할 수 있는 삼각대가 반드시 필요합니다.

반짝이는 별 사진 촬영

스마트폰으로 별 사진을 촬영하려면 달빛이 없는 날 어두운 곳을 찾아야 합니다. 갤럭시는 프로모드나 야간모드를 활용합니다만 야간모드는 노출이 부족하게 나와 추천 드리지 않습니다. 아이폰은 고정만 잘 시켜주면 주변 빛에 따라 자동으로 찍어 줍니다(아이폰에서 좀 더 전문적인 별 사진을 촬영하고 싶다면 유료 어플인 'Night Cap'이 있습니다). 별 사진은 셔터스피드가 최소한 20초 이상 돼야 합니다. 별 사진 촬영을 하러 갈 때는 새벽이슬로 많이 추워서 따뜻하게 입어야 합니다.

	갤럭시	아이폰
모드	프로모드	야간모드
ISO	800 (수치를 더 높이면 노이즈 증가)	
화이트밸런스	수치가 낮은 쪽으로(파란색 4,000~4,600K°)	
초점	자동 초점을 수동초점(MF)로	화면 한 부분을 길게 터치해서 초점 고정
노출시간	20~30 초	
주의할 점	❶ 스마트폰 장노출을 위한 삼각대는 필수 ❷ 셔터 누를 때 흔들림 방지위해 촬영 시 타이머(3-5초) 설정	

※ 위 예시는 절대값이 아니므로 주변 밝기에 따라 ISO와 노출시간 조절

달 사진 촬영

달 사진을 촬영하려고 생각하면 어두운 밤이라 노출 시간을 길게 줘야할 것 같습니다. 하지만 별과는 달리 달은 생각보다 많이 밝고 움직임도 빠릅니다. 별은 고정되어서 빛나는 것이지만 달은 지구 주위를 돈다는 것과 지구와 거리를 생각하면 당연한 것입니다. 이런 이유로 야간 자동모드로 촬영하면 셔터스피드가 길어져 흔들리는 달 사진이 촬영됩니다. 계속 말씀 드리지만 아래 수치는 예시일 뿐 상황에 따라 조절하셔야 합니다.

ISO	삼각대 사용 시: 50~100, 삼각대 없을 시 600~1,000
셔터스피드	1/750~1/4000초 (달 무늬가 보일 정도로 조절)
촬영방법	셔터 누를 때 흔들림 방지위해 연사(버스트) 촬영
확대	2~6배 광학 줌 구간 (갤럭시는 50배 이상 가능)

※ 흔들림 방지를 위한 삼각대는 필수입니다.

달 사진만 촬영하기 밋밋하다면 풍경과 어우러진 달 사진을 촬영해도 좋습니다. 일몰 후 한 시간 정도 어스름 빛이 남아있을 때 달과 함께 풍경 촬영이 가능합니다. 지금까지 배웠던 구도를 잘 활용한다면 달이 포함된 멋진 밤풍경을 촬영할 수 있습니다. 풍경이 포함된 달 사진을 촬영할 때 노출은 달만큼 밝은 부분 노출을 찾아야 합니다. 달과 비슷한 노출에 터치를 하고 달이 선명하게 보일 때까지 노출을 어둡게 하면 됩니다.

만약 더 멋진 달이 있는 풍경 사진을 원한다면 인물 사진에서 사용했던 'PicsArt' 어플이 답입니다. 먼저 합성할 야간 풍경과 달 사진 2장을 선택합니다.

야간 풍경 사진

합성할 달 사진

PicsArt 어플을 실행시켜서 사진 추가를 눌러 풍경 사진을 추가합니다. 이때 하늘에 달이 이미 찍혀 있다면 메뉴 중에서 '뷰티' 항목의 '흠 수정'을 선택해서 달을 지워 줍니다. 달이 지워졌다면 사진 추가를 다시 눌러 달 사진을 불러 옵니다. 불러온 달 사진을 적당한 위치와 크기, 기울기를 조절해 자리를 잡아줍니다. 하단의 메뉴 중에서 '블랜드'를 눌러 나오는 효과 중에서 '스크린'을 눌러주면 간단히 멋진 달 풍경 사진이 완성됩니다.

마지막으로 합성한 달 사진과 풍경 사진의 색이 달라 보인다면 블랜드 옆에 있는 '불투명도'를 조절해서 색을 맞춰주면 됩니다.

야간 풍경 사진과 달 사진을 합성한 사진

야경 사진 촬영

앞에서 별 사진과 달 사진을 촬영하는 법을 배웠으니 야경 사진은 쉬워집니다. 기본적인 사항인 삼각대가 필수인 것은 동일합니다. 삼각대로 스마트폰을 고정시킨 다음 원하는 야경에 앵글을 맞춥니다. 노이즈를 줄이기 위해 ISO는 50~100사이에 두고 화면 밝기를 보면서 셔터스피드를 조절하면 됩니다. 자동차가 물처럼 흐르는 것을 촬영하고 싶다면 5초 이상의 노출 시간이 필요합니다. 화이트밸런스는 본인의 느낌에 맞춰 조절하시면 됩니다.

4 _ 멋진 흑백 사진 촬영하기

모든 세상이 컬러로 이루어진 현대에서 흑백 사진은 아직도 매력적입니다. 흑백 사진은 색을 없애고 빛과 대비 등 구도만으로 이루어진 사진입니다. 우리가 흑백 사진에 흥미를 느끼는 이유는 흑백 사진이 피사체의 본질에 집중하게 만들기 때문입니다. 시야를 방해하는 여러 컬러 요소들을 없애고 단순한 톤으로 시선을 사로잡습니다. 빛이 가진 밝고 어두움의 차이를 이용해 컬러 사진과는 또 다른 매력을 선사합니다.

　단순하게 컬러를 흑백으로 바꾸는 작업이 아닌 내 개성을 나타내는 도구로 흑백 사진이 쓰입니다. 현실감을 벗어나 아련한 과거를 기억할 때 흑백 사진이 쓰입니다. 구성 요소들이 단순하기 때문에 내가 강조하려는 피사체가 더 돋보이게 됩니다. 흑백 사진은 우리가 세상을 보는 방법을 빛과 선, 질감 등으로 볼 수 있게 합니다. 그럼 근본적인 문제로 돌아가서 '어떻게 해야 멋진 흑백 사진을 찍을 수 있을까'요?

모든 사진에서 강조되는 빛을 보는 방법이 가장 중요하다

　계속되는 빛에 대한 중요한 강조입니다. 사진에 있어서 가장 기본이 되는 것이 빛이지만 흑백 사진은 특히 빛이 중요합니다. 색이 빠진 세상에서 남는 것은 빛과 빛에 의한 명암, 질감 등이 남기 때문입니다. 하나의 빛이 장면에 어떤 영향을 미치는지 주의 깊게 살펴봐야 합니다.

장면들을 흑백으로 시각화하는 연습을 해야 한다

몇 해 전에 카메라 회사 라이카에서 흑백으로만 보이고 촬영되는 카메라를 출시한 적이 있습니다. 우리는 이렇게 까지는 아니더라도 연습할 방법이 있습니다. 컬러로 촬영된 모든 사진을 흑백으로 변환해서 느낌을 살펴보는 것입니다. 컬러로 느꼈던 세상이 흑백으로는 어떤 느낌인지 배우는 것입니다. 이렇게 컬러를 흑백으로 전환하는 시각화 연습이 필요합니다. 또는 노출을 극단적으로 줘서 대비를 강하게 만드는 것도 하나의 방법입니다. 그러면 보이지 않던 빛이 눈에 들어오게 됩니다.

강렬한 그래픽 요소와 추상화적 느낌들을 과감하게 시도해봐야 한다

빛의 방향이 보였다면 우리가 숱하게 접해왔던 그래픽적 요소와 디자인을 과감하게 흑백 사진에 연습해 봅니다. 추상화적 요소도 흑백 사진의 소재로 좋습니다. 컬러가 없다보니 디자인적 요소와 구도는 더욱 쉽게 찾아낼 수 있습니다. 일상에서 쉽게 만날 수 있는 많은 디자인 요소들과 추상적인 것들을 흑백 사진으로 촬영해 보세요.

5 _ 제품 사진 촬영하기

많은 분들이 인터넷 쇼핑몰을 운영하면서 제품 사진을 촬영합니다. 좀 더 좋은 품질의 제품 사진을 위해서 조명과 배경, DSLR 카메라 등 많은 비용을 지불합니다. 제품 사진 촬영을 위해 강의를 듣거나 인터넷을 수없이 찾아봅니다. 하지만 제품 사진은 사진 촬영을 하시는 분들도 빛에 대한 이해와 조명 사용법에 관해 잘 모르면 어려운 것이 사실입니다.

제품 사진은 다음과 같은 것이 전제가 된다면 충분히 좋은 사진이 됩니다.

첫째, 자연광이 잘 들어오는 장소일 것.
둘째, 직사광이 아닌 확산광을 잘 이용할 것.
셋째, 배경은 지저분하거나 다양한 색이 아닌 가능한 한 흰색일 것.
넷째, 스마트폰 줌 기능을 사용하지 말고 삼각대를 사용할 것 등 입니다.

가장 우선시 되는 조건인 자연광이 잘 들어오는 장소의 문제는 인공광으로 대체할 수도 있습니다. 그래서 인공광으로 제품 사진을 촬영하기 전 준비물이 필요합니다.

촬영 전 준비물

- 배경으로 사용 할 흰색 무광 전지 : 반사를 없애야 하므로 무광이어야 합니다.
- 제품 색상에 따라 포인트를 줄 색상 전지
- 조명을 대신 할 집에서 사용하는 가정용 독서 스탠드
- 포인트를 줄 플래쉬 조명

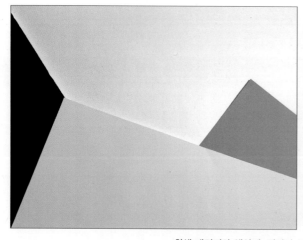 

흰색 배경지와 색상지, 필자가 사용한 독서 스탠드

간단한 제품 촬영 실습

- 촬영할 때 왜곡을 방지하고 쉽게 촬영하기 위해 책상이나 식탁을 바닥으로 사용합니다.
- 배경으로 사용 할 흰색 전지를 벽에서 책상 윗면까지 깔아줍니다.
- 이때 흰색 배경은 접지 말고 동그랗게 말아서 벽면에 고정합니다. 그래야 제품 뒷면에 불필요한 선이 생기지 않고 빛이 자연스럽게 뒷면까지 가서 그라데이션이 만들어집니다.
- 조명으로 사용할 LED스탠드는 2개가 있으면 좋지만 없어도 무방합니다.
- 스탠드가 없다면 모든 불을 환하게 켜고 촬영해도 됩니다. 단, 화이트밸런스는 조절해야 한다는 것을 잊지 마세요.
- 그림자가 생기는 것을 보면서 조명 위치를 조절해 줍니다.
- 그림자도 빛의 일부분이므로 자연스런 그림자에 너무 연연해하지 않으셔도 됩니다.
- 그래도 그림자가 신경 쓰인다면 기름종이라 불리는 '트레이싱 페이퍼'를 화방에서 구입, 조명앞에 두고 빛을 확산시키면 그림자가 약해집니다. 트레이싱페이퍼는 자연광의 강한 빛을 부드럽게 만들 때도 필요합니다.
- 어두운 배경에서는 손전등으로 포인트 조명 효과를 줘봤습니다.
- 숙달되기 전까지는 스마트폰을 고정시킬 삼각대가 필요합니다.
- 스마트폰을 고정시키고 제품을 이리저리 움직여 가면서 촬영합니다.
- 스냅시드에서 밝기, 음영 등 기본 보정을 해줍니다.

손전등을 이용한 조명

흰색 배경 이용한 제품 촬영

흰색 배경이용 제품 촬영, 자연스러움을 위해 그림자와 배경을 살림

실내에서 촬영한 제품 사진이 마음에 들지 않는다면 자연광을 이용해야 합니다. 일출과 일몰 시간대를 피한 오전 11시부터 오후 3시까지의 밝은 빛을 이용합니다. 창문으로 들어오는 광선을 이용해서 제품을 촬영합니다. 들어오는 빛이 강하므로 그 앞에 트레이싱페이퍼로 확산판을 만들어 줍니다. 들어오는 빛 반대편에는 그림자를 약화시킬 반사판을 설치합니다. 반사판은 흰색 하드보드지를 이용하시면 됩니다.

조명 1개, 자연스런 그림자를 활용한
버즈아이 뷰 샷

촬영한 제품 사진을 좀 더 깔끔하게 하려면 포토샵이란 프로그램을 이용하면 됩니다. 단 이 책에서는 초보자분들을 기준으로 했기 때문에 포토샵을 이용, 주변을 깨끗하게 지우지는 않았습니다. 조명을 다양한 방향에서 비춰보면서 제품이 어떻게 보이는지 잘 살펴보세요. 단 하나의 LED등이나 손전등만 있어도 충분한 사진이 됩니다.

손전등을 이용한 제품 사진 예제

마지막 파트 6에서는 사진 편집과 보정하는 방법을 담았습니다. 그리고 팁으로 촬영한 사진을 판매해서 금전적인 이득을 얻을 수 있는 방법도 첨부했습니다.

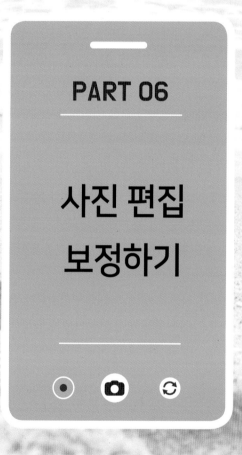

PART 06

사진 편집 보정하기

36

사진에는 반드시 보정이 필요하다

'보정'이란 말은 국어사전적 의미가 '부족한 부분을 보태어 바르게 함'을 의미합니다(국립국어원). '바로잡는다'는 뜻이 포함된 것으로 생각해보니 우리가 흔히 생각하는 '조작'과는 많이 다릅니다. 사진 보정은 촬영된 이미지의 부족한 부분을 바르게 만든다는 의미입니다. 사진 보정은 사진의 모든 결함을 제거하거나 수정하는 것을 말합니다. 사진을 바르게 만든다는 의미가 대체 무엇일까요? 사진을 촬영한 직후 우리가 스마트폰 화면을 통해서 보는 이미지가 진짜 원본 사진일까요?

'진짜 좋은 사진은 보정을 하지 않은 사진이다', '난 필터를 전혀 쓰지 않아'라는 이야기를 들어 보셨을 겁니다. 저도 한 때는 '보정을 하지 않은 촬영 원본 그대로의 것이 사진이다' 라고 생각했었습니다. 그런데 달리 생각해 보면 이미 우리는 보정을 하고 있었습니다. 보정은 사진이 시작된 그 때부터 계속 되어 왔던 것입니다. 필름을 사용하던 시절에도 그렇고 디지털 이미지로 바뀐 지금은 더더욱 그렇습니다.

카메라는 우리 눈과 다르게 모든 사물을 평균 노출로 판단합니다. 이것을 우리는 '카메라의 평균 18% 회색 반사율'이라 합니다. 평균 18% 회색 반사율은 카메라가 피사체에 가장 알맞은 적정노출을 18% 회색을 기준으로 한다는 것입니다. 이렇다보니 카메라가 지시하는 노출대로 촬영하면 검은색도 회색으로 흰색도 회색에 가깝게 나옵니다. 사진 잘 아는 사람들은 이 내용을 알고서 흰색을 흰색답게 검은색을 검은색답게 나타내려고 노출을 조절해주는 것입니다.

18% 회색 적정노출 반사율

이렇게 우리는 이미 사진을 찍는 순간 마음속으로 보정을 하고 있었던 것입니다. 보정이라고 해서 얼굴을 바꾸고 몸매를 날씬하게 하는 것만이 아닙니다. 내가 보여주고 싶은 피사체를 좀 더 원본에 가깝게 만드는 것이 바로 보정입니다. 카메라가 나타내주지 못하는 피사체의 진실을 내가 조절해서 진실하게 만드는 것이 보정입니다. 물론 얼굴이나 몸의 단점을 보완하는 것도 넓게 보면 보정의 범주에 속합니다.

보정은 촬영할 때의 보정과 촬영하고 난 후 하게 되는 후보정이 있습니다. 촬영할 때 보정은 카메라가 평균노출로 인식하는 장면을 어떻게 하면 사실과 가깝게 만들 것인가 하는 고민입니다. 내가 보여주고 싶은 것을 어떻게 해야 잘 표현할 수 있을까 하는 고민입니다. 이렇게 촬영하기 전 보정하고 만들어진 디지털 이미지를 후보정 에서 부족한 부분을 조절하는 것이 촬영하고 난 후보정입니다. 촬영하기 전과 촬영하고 난 후 이미지를 보정하는 것은 둘 다 중요한 행위입니다.

보정 전

보정 후

보정 전

보정 후

또한 피사체인 인물의 단점을 보완하고 아름답게 만드는 것도 보정입니다. 촬영된 이미지를 보정 혹은 수정하는 과정을 통해 인물 사진을 더욱 매력적으로 만들 수 있습니다. 인물 사진은 예뻐야 한다는 기본을 생각하더라도 보정은 필요합니다. 원본과는 다른 새로운 인물을 만들어 내는 것이 아닌 인물이 가진 아름다움을 극대화하는 것입니다. 완벽한 사람은 없습니다. 간단한 보정을 통해서 보여주고자 하는 것을 확실하게 만듭니다.

모든 이미지가 디지털 처리가 되는 오늘날에는 필름 시절보다 보정이 더 중요해 졌습니다. 촬영할 때 우리가 마음속으로 보정한 것을 카메라나 스마트폰에서 일차적으로 보정해서 보여줍니다. 이렇게 만들어진 이미지를 우리는 다시 내가 원하는 방향으로 바로 잡습니다. 사진을 절대 지나치거나 심하게 변경하는 것이 보정이 아닙니다. 작은 차이로 인해 내가 보여주고자 하는 것들이 왜곡될 수 있습니다. 보정을 항상 조심스럽게 해야 하는 이유입니다.

보정 전   보정 후

보정의 종류에는 다음과 같은 것들이 있습니다.

❶ 노출이나 색온도 조절, 크로핑 등 전반적인 사진 편집에 관한 것들

❷ 내가 보여주고 싶은 방향으로 피사체 스타일과 모양을 조절하는 일

❸ 의도치 않은 먼지 제거나 흠집을 제거하기

❹ 사진 촬영 각도인 앵글을 원하는 방향으로 조절

❺ 빛이나 여러 요건에 의해 변질된 색상을 살려내는 색상 조절

❻ 인물의 잡티나 반점, 여드름, 주름 등을 제거해서 아름다운 부분을 강조

37

스마트폰에 내장된 기본 편집기능으로도 좋은 사진을 만들 수 있다

1 _ 아이폰 기본 사진 편집

사진의 수평을 맞추는 것으로 반은 끝났다

사진 구도에서 사진의 수평과 수직을 맞추는 것이 기본이라는 것을 알았습니다. 편집에서도 마찬가지로 사진의 수평만 잘 맞춰도 사진 느낌이 달라집니다. 갤러리에서 사진을 선택하고 상단 '편집'을 누릅니다. 편집 메뉴들이 하단에 보이는데 제일 오른쪽 '수평 맞추기'를 누릅니다. 세 가지 아이콘 중에서 제일 앞부분 토성처럼 생긴 '자동'을 눌러주면 수평이 자동으로 조절됩니다. 만약 자동으로 조절된 수평이 마음에 들지 않으면 조절바를 움직여서 각도를 조절하면 됩니다.

일단은 '자동'을 눌러본다

사진 편집이 귀찮다면 사진 편집을 눌렀을 때 뜨는 아이콘 중에서 마술봉처럼 생긴 '자동'을 눌러 줍니다. 아이폰에서 사진을 보기 좋을 정도로 약하게 보정하는 기능입니다. 자동을 누른 후 마음에 들지 않으면 마술봉을 다시 눌러 조절바를 움직여 노출을 조절할 수 있습니다. 이때 조절바를 움직이면 자동을 제외한 나머지 편집 요소들이 한 번에 움직입니다. 물론 나머지 편집 요소들을 각각 움직여서 조절하는 것도 가능합니다.

노출 조정으로 사진의 밝기를 조절한다

사진이 내가 원하는 것보다 밝거나 어둡게 나왔다면 '노출'을 눌러서 자동으로 조절합니다. 마찬가지로 조절바를 움직여서 노출을 조절할 수 있습니다. 노출 조절은 사진 전체적인 밝기를 조절하는 것이므로 밝은 곳과 어두운 곳을 따로 조절하려면 다른 요소가 필요합니다.

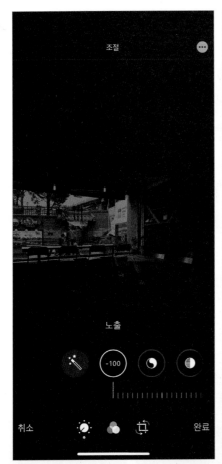

휘도와 대비를 조절하면 사진의 밝은 곳과 어두운 곳이 한 번에 조절된다

아이폰 기본 편집 메뉴 중 자동하고 채도 사이에 있는 아이콘들이 전부 빛을 다루는 것입니다. 이 중 휘도와 대비는 사진의 밝은 곳과 어두운 곳을 한 번에 조절할 수 있습니다. 그림자나 하이라이트, 밝기, 블랙포인트는 각각의 부분만 다루기 때문에 휘도와 대비로 간단히 조절하는 것이 편합니다. 휘도와 대비를 조절하면 사진의 색상 또한 살아납니다. 휘도를 약간 올려주고 대비 부분을 줄여주면 어두운 부분의 색이 살아납니다.

하늘을 살리고 싶다면 하이라이트를 낮춘다

구름이 너무 예뻐서 촬영했는데 풍경과 노출 차이가 심해서 제대로 표현되지 않은 적이 있으신가요? 노을을 멋있게 찍고 싶었는데 너무 밝게 나와서 분위기가 살지 않았나요? 이런 하늘을 살리는 방법은 '하이라이트'를 조절하는 것입니다. 조절 아이콘 중에서 하이라이트를 약간 낮추면 날아갔던 하늘색과 구름의 형태가 살아납니다.

아이폰의 빈티지한 감성사진을 원한다면 화이트밸런스와 색조가 답이다

많은 사람들이 아이폰을 쓰는 이유가 아이폰 카메라의 빈티지한 느낌 때문이라고 합니다. 빈티지의 원래 의미는 '수확기의 포도나 포도주 숙성'을 나타내는 말입니다. 숙성된 포도주처럼 편안하고 고풍스러운 느낌이라는 말입니다. 이 말이 사진에서는 오래된 필름사진의 감성을 나타내는 말로 쓰이곤 합니다. 필름 사진이 절대적으로 좋다는 것은 물론 아닙니다. 단지 오래 묵은 느낌의 사진이 사람들 감성을 자극한다는 것입니다.

아이폰에서 좀 더 빈티지한 느낌을 내고 싶다면 화이트밸런스와 색조를 조절하면 됩니다. 편집 아이콘 메뉴 중에서 '따뜻함'과 '색조'입니다. 빈티지 사진은 색온도는 따뜻하게 높여주고 색조는 낮게 보정하는 것이 요령입니다. 색조를 올리면 자주색이 강조되고 색조를 내리면 초록색이 강조됩니다.

맛있는 음식 사진은 화이트밸런스와 채도, 색선명도 조절이 필요하다

색상이론에서 붉은색은 식욕을 증가시키고 푸른색은 식욕을 떨어뜨린다고 합니다. 화이트밸런스와 채도를 조절하면 음식이 맛있게 보이는 사진을 만들 수 있습니다. 화이트밸런스와 채도에 더해서 색선명도까지 조절해주면 더욱 좋은 음식 사진이 됩니다. 채도는 너무 많이 올리면 색이 깨진다고 말하는 현상, 즉 색이 변합니다. 색선명도는 원래 색상에서 크게 바뀌지 않으면서 색 조절이 가능하기 때문에 채도보다 좋습니다.

보정 전

색온도, 채도, 색선명도 조절

보정 전

색온도, 채도, 색선명도 조절

아이폰에서 적목 현상 제거하기

적목 현상은 컬러 이미지에서 플래시 등 빠른 빛에 의해 눈이 빨갛게 나타나는 현상입니다. 편집 화면에서 오른쪽 상단에 눈과 같이 보이는 아이콘을 누르면 적목 현상을 제거합니다. 사진을 확대해서, 수정해야 하는 눈을 가볍게 두드리면 됩니다. 모든 사진에 적목 현상 제거하기가 적용되는 것은 아닙니다. 프로그램이 사진에서 얼굴을 인식해야만 적용됩니다. 적목 현상이 제거됐으면 완료를 눌러서 저장합니다.

아이폰 기본 필터를 제외하고 타사 앱에서 제공되는 필터도 사용할 수 있다

아이폰에 기본 제공되는 내장 필터는 10개 밖에 되지 않습니다. 기본 필터들도 물론 좋지만 요즘처럼 많은 필터를 제공하는 사진 앱이 넘쳐나는 상황에서는 아쉬운 것이 사실입니다. 아이폰은 이런 상황에서 다행스럽게 사진 앱에 타사에서 만든 필터를 추가해서 사용할 수 있습니다. 사진 편집을 누른 화면에서 위 오른쪽에 있는 '점이 세 개인 원'을 누릅니다. 화면에 팝업되는 메뉴에서 사용가능한 타사 앱이 표시됩니다. 원하는 필터를 적용하고 완료를 누르면 끝입니다.

원본 사진으로 되돌려 본다

- 사진 편집을 하다가 마음에 들지 않는 경우 : 편집 화면 아래 왼쪽에 있는 '취소'를 누릅니다. '변경사항 폐기'를 눌러주면 보정했던 모든 부분이 원본 상태로 되돌아갑니다.
- 편집을 마친 사진이 마음에 들지 않는 경우 : 갤러리에서 사진을 선택 후 편집화면 오른쪽 아래에 있는 '복귀'를 누릅니다. '원본으로 복귀'를 누르면 사진을 보정하기 전 원본 상태로 돌아갑니다. 이 작업은 다시 수정하기 어려우므로 잘 사용해야 합니다.

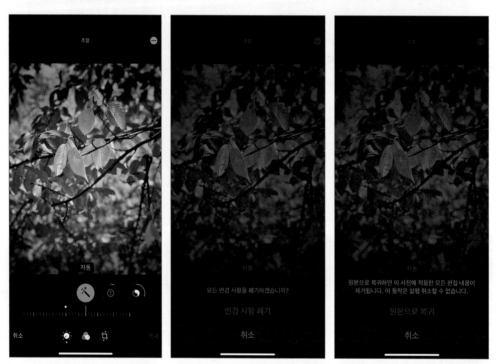

2 _ 갤럭시 스마트폰 내장 포토에디터 프로로 사진 편집하기

갤럭시 기본 사진 편집 프로그램인 에디터 프로 기능도 아이폰 기본 편집 기능과 비슷합니다. 갤럭시는 카메라에 내장된 '포토에디터 프로'가 정기적으로 업데이트 되면서 웬만한 어플보다 좋은 성능을 보이고 있습니다. 심지어 포토샵에서만 사용할 수 있는 고급기능까지 추가되어 있습니다. 다양하게 추가된 포토에디터 편집 기능 중에서 비슷한 기능들을 제외하고 아이폰에 없는 기능 위주로 살펴보겠습니다.

일단은 쉽게 사진 편집을 자동보정으로 해본다

하나씩 보정하는 것이 귀찮다면 자동보정 기능으로도 사진이 훨씬 좋아집니다. 마술봉 아이콘을 눌러주면 색상밝기, 색상톤 등을 자동으로 조절해 줍니다. 물론 조절바를 움직여서 수동으로 전체 메뉴를 조절할 수도 있습니다. 원하는 이미지가 완성되면 저장하면 됩니다.

제공된 기본 사진 필터를 적용한다

우리는 사진을 편집하거나 보정할 때 사진 앱을 많이 사용하고 있습니다. 갤럭시 포토에디터에는 외부 앱처럼 다양한 필터를 기본으로 제공합니다. 편집화면 아래 왼쪽에서 두 번째 아이콘을 누르면 기본 필터들이 나옵니다. 하나씩 눌러서 적용하고, 세부조정은 선택한 필터위의 조절바를 이용해서 섬세하게 조절할 수 있습니다.

구도의 기본인 사진편집 크기를 조절한다

사진을 편집하는 데 가장 기본인 크기조절, 좌우대칭(반전), 회전, 수평수직조절을 할 수 있습니다. 갤러리에서 사진을 선택하고 연필 모양 편집 아이콘을 누릅니다(그림 1). 아래 아이콘 중에서 필터 옆에 있는 '자르기'메뉴를 누르면 중간에 조절 아이콘이 나옵니다(그림 2). 중간에 있는 'Free'를 누르면 자유 변형, 1:1, 4:3, 16:9 비율로 조절할 수 있습니다(그림 3). 1:1은 인스타그램 같은 소셜 미디어에서 많이 사용하고, 4:3은 일반적으로 가장 많이 사용하는 비율입니다. 16:9는 와이드사진으로 영상제작에 유용한 비율입니다

| 그림 1 | 그림 2 | 그림 3 |

사진에서 원하는 부분 개체 따기 : 일명 '누끼따기'

갤럭시 사진 갤러리에서 사진을 선택하고 연필 모양 편집 아이콘을 누릅니다(그림 4). 중간에 나오는 회전, 좌우 반전, 사이즈 조절, 왜곡 수정 등 기능이 나옵니다(그림 55). 회전과 좌우반전, 사이즈 조절, 왜곡 수정 등은 눌러보면 알 수 있습니다. 제일 마지막에 있는 점선 원모양을 누르면 영역 자동 맞춤, 영역직접 그리기, 선택 해제가 나옵니다. 이 세 가지 기능을 이용해서 손가락으로 원하는 부분을 따냅니다(그림 66).

영역자동 맞춤으로 원하는 부분을 드래그해서 그려줍니다. 원하는 부분을 넘어간 곳은 선택해제를 이용해 빼줍니다. 선택이 더 필요한 곳은 두 손가락으로 확대해서 영역직접 그리기를 이용해 그려줍니다. 마지막으로 ∨(체크)하면 따낸 부위를 제외한 배경이 투명한 사진으로 저장됩니다(그림 77). 주로 유튜브용 썸네일이나 영상편집 등에 사용할 수 있습니다.

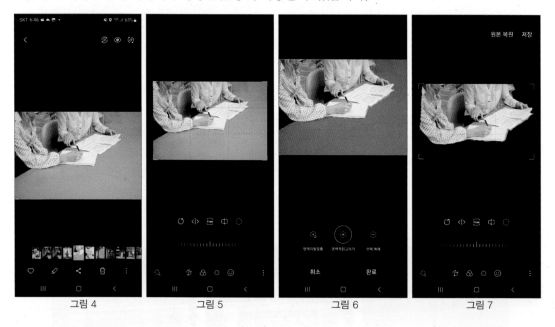

| 그림 4 | 그림 5 | 그림 6 | 그림 7 |

사진의 일부분만 부분색칠(색상 넣기) 해서 작품사진을 만들어 본다

부분 색칠은 흑백 사진에서 원하는 부분만 컬러로 남겨 놓는 효과를 줄 때 사용합니다. 갤러리에서 사진을 선택하고 편집(연필 모양)을 선택합니다(그림 8). 오른쪽 아래 부분 점 세 개를 누르면 나오는 항목 중 '부분 색칠'을 선택합니다(그림 9). 부분 색칠을 선택하면 '컬러로 남겨 놓고 싶은 부분을 누르세요'라는 안내가 나옵니다(그림 10). 원하는 곳을 길게 누르면 자동으로 컬러로 바뀝니다(그림 11).

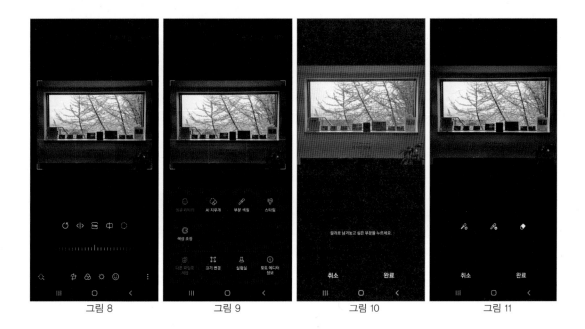

| 그림 8 | 그림 9 | 그림 10 | 그림 11 |

이때 자세히 보면 선택된 곳과 비슷한 색 계열이 약간 남아있는 것을 알 수 있습니다. 이 부분은 지우개를 선택해서 깨끗이 지워주면 깔끔하게 정리가 됩니다.

모바일 라이트룸 기능 대신 들어간 색상 조정 기능

갤럭시에서는 사용자들의 편의를 위해서 사진 보정 프로그램을 계속 업데이트 합니다. 저번 업데이트에서는 모바일 라이트룸의 기본 색상 보정 메뉴를 추가했었습니다. 하지만 색상 관련이라 사용이 어렵고, Expert RAW에서 모바일 라이트룸을 지원하고 있어서 이번 업데이트에서는 삭제했습니다. 그 대신 간단하게 색상을 조절할 수 있도록 '색상 조정'을 추가했습니다.

갤러리에서 사진을 선택한 후 '연필 모양 아이콘-오른쪽 편집점 3개'를 누릅니다(그림 12). 색상 조정 메뉴를 누르면, 제일 왼쪽의 '밝기'로 사진의 전체적인 밝기를 조절할 수 있습니다(그림 13). 각각의 색상을 누르면, 색조와 채도, 밝기를 조절할 수 있습니다(그림 14). 제일 오른쪽에 있는 스포이드를 눌러서 사진 속에 있는 색 중에서 조절하고 싶은 색을 추출해서 조절할 수 있습니다(그림 15, 스포이드 옆에 붉은 벽돌 색상이 추가된 것이 보입니다).

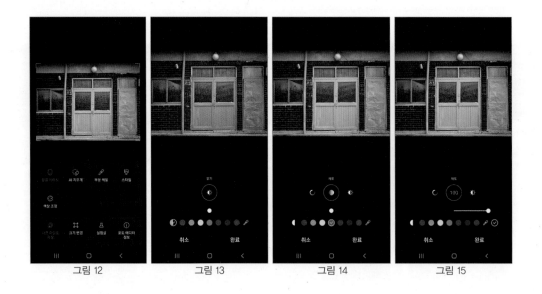

그림 12   그림 13   그림 14   그림 15

사진을 자동으로 보정해 주는 사진 리마스터 기능

갤럭시 편집 기능 중에서 '사진 리마스터'란 갤러리에 있는 사진을 AI가 자동으로 보정해 주는 기능입니다. AI가 이미지를 분석해서 최적의 해상도, 밝기, 색감, 선명도 등을 찾아 보정한 후 추천해 주는 기능입니다. 이미지를 스스로 찾아서 보정할 수도 있고, 이미지를 선택해서 보정할 수도 있습니다. 이 항목을 누르면 원본과 보정된 사진을 한 화면에 비교할 수 있게 보여줍니다. 보정된 사진이 마음에 들면 저장하면 됩니다. 이미지를 일일이 보정하지 않아도 자동으로 향상된 사진을 만들어 줍니다.

갤러리에서 사진을 선택합니다. 맨 오른쪽에 있는 '세 개의 점'을 누르면 나오는 항목 중에 '사진 리마스터'를 선택합니다(그림 16). AI가 자동으로 보정을 합니다. 원본과 리마스터된 사진을 중간에 있는 인디케이터를 움직여서 비교할 수 있습니다(그림 17). 원하는 사진을 저장합니다(그림 18).

그림 16   그림 17   그림 18

38

최고의 보정 어플을 활용한 바로 써 먹을 수 있는 보정법

스냅시드는 구글이 만들어서 배포한 무료 사진 편집 어플입니다. 무료 어플임에도 불구하고 포토샵과 비슷한 성능을 가지고 있습니다. 아이콘이 직관적으로 되어 있어 사용하기에 편리합니다. 가장 큰 장점은 사진을 보정해도 원본 사진 크기가 변하지 않는다는 것입니다. 다른 보정 어플들은 사진을 보정하면 사진 크기가 작아져 화질이 떨어집니다. 스냅시드의 기본 메뉴 구성을 간단히 살펴보고 스냅시드를 이용한 인물 사진 보정을 알아보겠습니다.

1 _ 스냅시드 기본 메뉴

스냅시드를 설치하고 어플을 실행시키면 사진 선택하는 창이 나옵니다. 갤러리에 있는 사진 중 보정할 사진을 선택하면 가장 먼저 '스타일' 메뉴가 나옵니다. 스타일에서 기본적인 필터효과를 사진에 입힐 수도 있고 그냥 지나쳐도 됩니다. 필터효과를 주고난 후 도구에서 보정도 가능합니다. 중간에 있는 '도구' 메뉴를 누르면 화면과 같이 많은 보정 메뉴들이 나옵니다. 밑으로 내리면 안 보이던 더 많은 메뉴까지 보입니다.

많은 보정 메뉴들이 보이지만, 이미 책 앞부분에서 배웠던 것들 중복이라 어려운 것은 없습니다. 하나씩 눌러 보면 쉽게 이해할 수 있을 정도로 간단하게 되어 있습니다. 책에서 다루지 않았던 메뉴들만 간단하게 알아보고 사용되는 방법 위주로 살펴보겠습니다.

❶ 제일 처음에 있는 기본 보정을 눌러보면 보이는 '채도'는 색이 탁한 정도를 말한다고 하는데 탁하다는 것이 애매합니다. 간단하게 생각해보면 순수한 원색에 무채색(흰색, 회색, 검정색)이 섞여 채도를 결정하는 것입니다. 무채색이 많이 섞여 색이 순수색에서 멀어지면 채도가 떨어진다고 말합니다. 그 반대로 무채색이 조금 섞여서 색이 선명할수록 채도가 높다고 말합니다. 즉, 무채색에 가까워질수록 채도가 떨어진다고 생각하면 됩니다. 채도는 높일수록 색이 살아나지만 과하면 사진이 어색해집니다. 사진을 보정할 때 채도는 조금만 올리거나 거의 만지지 않도록 합니다.

❷ 기본 보정에서 채도 아래에 있는 '분위기'는 대비와 채도를 동시에 조절하는 메뉴입니다. 채도와 대비를 만지기 전 먼저 살짝 조절하면 보정이 쉬워집니다. 대비와 채도를 각각 조절하겠다고 생각하면 굳이 만지지 않아도 됩니다. 기본 보정 맨 아래쪽에 있는 '따듯함'은 화이트밸런스와 비슷하다고 보시면 됩니다. 화이트밸런스 항목이 따로 있어서 이 항목 또한 지나쳐도 됩니다.

❸ '선명도'는 말 그대로 사진을 선명하게 만드는 메뉴입니다. 선명도를 누르면 구조와 선명하게 항목이 나옵니다. '구조'는 노출 부족이 아닌 빛이 많은 사진에서 살짝 올리면 사진이 좋아지는 느낌을 받습니다. 너무 올리면 노이즈가 심해지므로 주의해야 합니다. '선명하게'는 사진을 선명하게 만드는 항목으로 수치 100까지 올릴 수 있습니다. 하지만 구조를 우선 조절하고 선명도는 약간만 조절하셔야 합니다. 어떤 보정이든지 과하면 어색한 느낌 사진이 됩니다.

❹ '브러시' 항목은 사진의 원하는 곳을 붓으로 살살 문질러서 밝게 하거나 어둡게 만드는 효과입니다. 사진을 확대해서 원하는 부분만 밝기를 조절할 수 있는 기능입니다. 대비를 강조하는 사진을 만들거나 사진 일부분 밝기를 조절할 때 사용합니다. 스냅시드 어플이 가진 장점 중 활용도가 높은 항목일 수 있습니다.

❺ '비네트'는 사진 주변 부분을 어둡게 만들거나 밝게 만들어 주제에 시선을 집중하게 만드는 항목입니다. 외부 밝기를 감소시키면 검은색 비네트가 생겨 중심으로 시선을 이끄는 효과를 줍니다. 외부 밝기를 증가시키면 흰색 비네트가 생기는데 밝은 톤 사진에 사용합니다.

❻ 다루지 못한 부분 보정과 화사한 글로우, 얼굴 방향 등은 인물 사진 보정을 해 가면서 알아보겠습니다. 그 외 항목들은 이미 한 번씩만 눌러보시면 쉽게 알 수 있습니다.

2 _ 스냅시드를 이용한 인물 사진 보정

기본 보정에서 여러 가지 항목을 보정한 인물 사진을 좀 더 자세하게 보정해 보겠습니다. 사진의 전체적인 보정은 다 마쳤으니 항목에서 '부분 보정'을 누릅니다. 나타나는 메뉴중에서 ⊕를 누른 후 밝기를 조절할 곳을 터치하면 '밝'이라고 표시됩니다. 조절바를 움직여서 밝기를 조절할 수 있습니다. ⊕표시 옆 눈 모양 아이콘은 표시 여부를 나타내는 것이라 중요하지 않습니다.

부분 보정이 끝나면 '잡티 제거'를 선택해서 얼굴 부분의 잡티나 주름 등을 지워줍니다. 잡티 제거가 끝났으면 중간 정도에 있는 '화사한 글로우'를 선택합니다. 화사한 글로우는 이름 그대로 인물을 화사하게 만드는 항목입니다. 아래에 바로 나타나는 기본적으로 필터가 적용된 사진을 선택해서 고를 수도 있습니다. 또한 조절 메뉴를 눌러 발광과 채도, 따뜻함을 각각 조절할 수도 있습니다.

잡티 제거와 화사한 글로우 효과과 끝나면 아래 부분 메뉴인 '인물 사진'을 선택합니다. 스냅시드가 얼굴을 자동으로 찾아서 효과를 적용합니다. 만약 '이 사진에서 얼굴을 찾을 수 없습니다'가 나타나면 '자세히 찾기'를 누릅니다. 사람 얼굴 모양을 누르면 창백하게와 밝게, 보통, 어둡게가 나타납니다. 조절바를 움직이면 스포트라이트가 움직여서 조절이 됩니다. 얼굴 아이콘 옆 조절바를 선택하면 스포트라이트, 피부 보정, 눈동자 보정이 나옵니다.

스포트라이트는 얼굴을 밝게 해주고 주변을 어둡게 만들어 주는 기능입니다. 피부 보정은 피부를 매끄럽게 만들어 줍니다. 눈동자 보정은 눈동자를 밝고 선명하게 만들어 줍니다. 비교 사진은 극단적으로 수치를 100까지 설정했지만 어떤 보정이든지 과한 것은 좋지 않습니다. 자연스럽게 인물이 살아나도록 보정하는 것이 중요합니다.

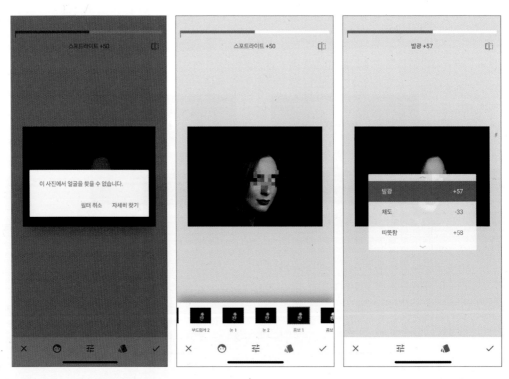

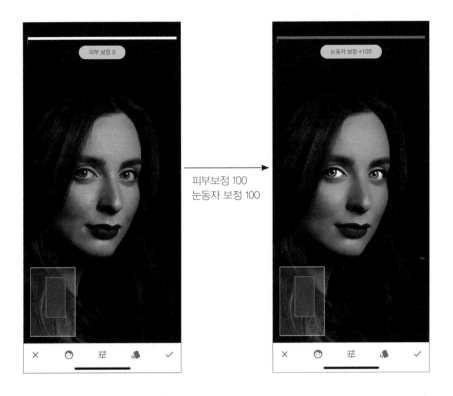

피부보정 100
눈동자 보정 100

    참고로 보정을 하다 실수할 경우 당황하지 않아도 됩니다. 조절이 완료된 사진 우측 상단에 왼쪽 방향으로 굽은 화살표를 누르면 실행취소와 되돌리기, 수정 단계보기가 나옵니다. 실행취소와 되돌리기는 수정하기 한 단계 이전으로 돌립니다. 수정 단계보기는 스냅시드에서 원본에 적용된 모든 수정이 다 나옵니다. 선택을 해서 지워 줄 수도 있고, 그 단계로 돌아갈 수도 있습니다. 마지막으로 우측 하단 '내보내기'를 선택해서 원본을 수정할 것인지, 사본으로 내보낼 것인지를 결정하면 됩니다.

다음으로 볼 항목이 '얼굴 방향' 보정 메뉴입니다. 인물 사진 얼굴 방향을 3D로 조절하는 항목입니다. 얼굴 방향을 상하좌우로 이동할 수 있습니다만 너무 많이 움직이면 얼굴이 어긋납니다. 사진은 좌측 아래 방향으로 얼굴을 이동했습니다. 또한 조절바 메뉴를 눌러 눈동자 크기를 조절할 수 있고, 미소 항목으로 웃음 짓는 정도를 조절할 수 있습니다. 초점 거리는 조절바를 이동해서 광각으로 할 것인지 여부 등을 조절합니다.

3 _ 스냅시드를 이용한 일반 보정

실질적으로 스마트폰으로 촬영된 사진들을 가지고 보정을 하는 법을 알아보겠습니다. 촬영에 사용한 스마트폰은 아이폰 12 프로맥스입니다. 하지만 기본 카메라로 촬영된 사진들이라 갤럭시든 LG든 어느 기종이나 상관없습니다.(갤럭시 S20 이상이나 아이폰 12프로 이상 카메라에서 지원되는 RAW 파일을 사용했으면 색이 더욱 풍부했을 겁니다) 새벽 다섯시 반 무작정 집을 나서서 강화 동검도로 달려갔습니다. 서해인 인천에서 일출과 일몰을 동시에 볼 수 있는 장소로 유명한 곳이 동검도입니다. 이미 알아 본 오늘 일기예보가 '흐림'이어서 일출은 없을 거라 예상했습니다. 그런데도 많은 분들이 삼각대에 카메라를 거치하고 대기하고 계시더군요. 저는 스마트폰을 꺼내 들고서 여기저기 돌아다녔습니다. 그런 저를 이상하게들 바라보시는 촬영하는 분들의 시선이 따가웠습니다.

동검도 입구 폐선 원본과 스냅시드 기본 보정 사진

　동검도에서 일출을 볼 수 있는 선착장 입구로 들어가는데 폐선들이 보입니다. 아직은 해뜨기 전 여명이라 빛도 부족하고 어둡습니다. 스마트폰으로 촬영하니 역시 칙칙하게 보입니다. 스냅시드를 열어 파일을 불러옵니다. 저는 먼저 커브를 열어서 '소프트 콘트라스트'로 선택합니다. 그다음 기본 보정으로 들어갑니다. 화면 아래 조절 바를 열면 각각의 조절 항목들이 보입니다. 어두우니까 일단 밝기를 조금 올리고, 대비 는 약간 낮춰 줍니다. 분 위기를 조절하면 사진의 디테일이 살아나 분위기 도 조절합니다. 하이라이 트를 줄이면 하얗게 날아 간 부분들이 살아납니다. 음영을 조절해서 어두운 부분을 밝게 살려줍니다. 채도는 건드리지 않습니 다. 만약 채도를 건드리려 면 아주 조금만 올려야 합 니다. 따뜻함은 화이트밸 런스에서 조절하려고 패 스합니다.

스마트폰에서 '스마트 HDR'이 이미 선택되어 있지만 풍경 사진이니까 HDR 메뉴를 선택합니다 (HDR은 이미 설명했습니다). 기본은 필터 강도가 +50으로 되어있는데 보기에 너무 과합니다. 저는 HDR을 +20 이하로 조절해 줍니다. 보는 사람들의 시선을 집중시키기 위해 사진 주변을 어둡게 만드는 비네트 메뉴를 선택합니다. 기본 비네트는 역시 -50으로 너무 과합니다. 저는 -20 이상으로 올려줍니다. 너무 과하지 않으면서 자연스러운 집중이 됩니다. 마지막으로 화이트 밸런스를 따뜻한 쪽으로 +20 조절해서 사진을 내보내 줍니다.

보정된 사진을 원본과 비교해보니 아침 일출의 느낌이 부족합니다. 갤러리에 있는 기본 편집에 들어가서 따뜻함을 +20 정도 조절해서 아래의 사진을 얻었습니다. 어떤 사진이 마음에 더 드세요?

스냅시드 보정 후
카메라 기본 보정으로 따뜻함 추가

스냅시드 사용법은 어렵지 않습니다. 메뉴도 직관적이라 사용하기 편리합니다. 어떤 항목들을 조절해야 하는지만 알아두면 됩니다. 저도 사용하는 메뉴만 사용하고 거의 사용하지 않는 메뉴들도 많습니다. 과한 보정은 어색한 사진이 되기 때문입니다. 항상 명심하세요. "보정은 과하지 않게, 자연스럽게, 내 눈에 보이는 그대로"

동검도 선착장으로 가서 주차를 하고 보니 일출을 기다리는 사진가들을 제외하고 너무 썰렁합니다. 제가 계속 강조하던 데로 그 자리에서 머물지 않고 주변을 돌아봅니다. 아무리 봐도 넓은 바다뿐입니다. 난간을 넘어 갯벌로 내려섰습니다. 물이 빠진 지 오래됐는지 그렇게 심하게 발이 빠지지는 않습니다. 난간을 따라 갯벌을 걷다 보니 녹슨 닻이 보입니다. 스마트폰 광각렌즈를 활용하려고 최대한 가까이 다가가서 촬영합니다. 전경의 닻과 중경의 바위, 원경의 산과 하늘까지 담았습니다.

버려진 닻 촬영 원본

스마트폰 카메라 노출을 닻의 중간 정도 어두운 부분으로 선택해서인지 무난하게 촬영됐습니다. 하지만 제가 생각하는 느낌이 아니라 스냅시드에서 사진을 열었습니다. 다른 메뉴는 그대로 두고 기본 보정을 선택했습니다. 밝기는 충분하다 싶어서 그대로 두고 대비를 약간 조절했습니다. 디테일을 살리려고 분위기도 약간 조절합니다. 하늘의 하얗게 날아간 부분을 살리려고 하이라이트를 많이 줄였습니다. 닻과 바위의 어두운 부분을 살리려고 음영도 올려줍니다. 마지막으로 비네트를 약간 추가했습니다.

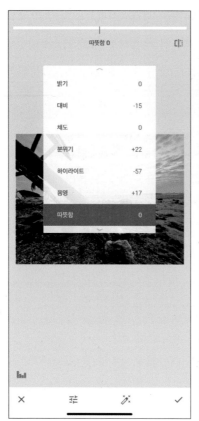

밝기	0
대비	-15
채도	0
분위기	+22
하이라이트	-57
음영	+17
따뜻함	0

더 이상 보정을 하지 않고 사진을 저장이나 사본으로 보내기를 선택해서 내보냅니다.(쉼 없이 강조해도 지나치지 않습니다, '보정은 과하지 않게, 자연스럽게, 내 눈에 보이는 그대로'!!)

버려진 닻 스냅시드 보정 후

갯벌에서 더 돌아다니다 선착장으로 올라왔습니다. 마침 그물을 손질하려고 한 분이 나와 계셨습니다. 저는 동의 없이 촬영하는 일명 '캔디드 포토'를 싫어하는 편이라 인사를 먼저 드렸습니다. 해는 없지만 해를 등지는 역광 상태 빛이라서 인물이 어둡게 뭉그러집니다. 노출을 따로 조절하지 않고 자동으로 촬영합니다. 역시 사진이 많이 어둡고 칙칙합니다. 스냅시드에서 사진을 열어 기본 보정을 선택합니다(저는 거의 기본 보정과 커브, 화이트 밸런스, 비네트 정도만 조절합니다).

대비를 약간 줄여주고 분위기를 올려서 디테일을 살립니다. 역시 하늘을 살리려고 하이라이트는 줄이고 어두운 부분을 살리는 음영은 올려줍니다. 다시 메뉴로 돌아와 푸른색 그물의 색을 살리려고 브러시를 선택합니다. 브러시 기본 선택이 밝게 +10으로 되어 있습니다. 이 말은 브러시로 살살 문지르는 부분은 +10 정도로 밝아진다는 의미입니다. 어두우면 그대로, 너무 밝다 싶으면 수치를 −5 정도로 낮춰 사용합니다. 저는 기본 설정된 그대로, 밝게 표현하고 싶은 그물을 살살 문질러 줍니다. 원하는 부분을 넘어서면 경계선이 하얗게 변해서 이상해지니까 사진을 확대해서 문질러 줍니다.

브러시를 그만하고 비네트 메뉴를 선택 약간의 비네트를 추가합니다. 최종 사진이 완성됐습니다. 인물의 어두운 부분 디테일과 그물의 푸른색과 질감까지 살아났습니다.

많은 메뉴들을 만질 필요는 없다는 것을 다시 강조합니다. 내가 원하는 느낌만을 살리고, 강조하려는 것이 무엇인지만 확실하게 하면 됩니다. 촬영 후 바로 보정하는 것이 바로 스마트폰의 장점입니다. 간단한 촬영은 이제 스마트폰이 대세인 듯합니다.

그물 손질하는 사람 촬영
원본과 스냅시드 기본
보정 메뉴

스냅시드 기본 보정 후
브러시와 비네트
보정한 후 사진

39

사진 저장 및 보관하는 법, 스마트폰 속 내 사진으로 돈 벌기

필름 값이 아까워서 사진 한 장을 촬영하는 것에도 신경을 쓰던 시절은 지났습니다. 디지털 사진이 일반화 되면서 스마트폰이든 디지털 카메라든 데이터가 넘쳐납니다. 지우자니 모든 사진에 추억이 담겨 선뜻 손이 가지 않습니다. 어디엔가 저장을 하긴 해야겠는데 방법이 뭘까요? 넘쳐나는 사진과 동영상 파일을 최대한 많이, 편하고 안전하게 저장하고 거기에 더해 무료라면 더욱 좋겠습니다.

일반인들은 아니더라도 사진 촬영을 하는 많은 사람들이 '외장하드'를 사용합니다. 가격도 많이 저렴해져 비용면에서 부담스럽지도 않습니다. HDD기반이라서 저장 용량이 크고 휴대가 간편합니다. 다만 내구성이 취약해서 외장하드에만 데이터를 저장했다가 낭패를 보기 쉽습니다. 외장하드에 보관을 한다면 반드시 백업용으로 다른 저장 장치를 이용하는 것이 좋습니다.

다음으로 인터넷 기반 클라우드 저장 서비스입니다. 인터넷이 가능한 곳이라면 어디서든지 파일을 백업하거나 백업된 파일을 이용할 수 있습니다. 편리하고 안정성이 높은 반면 업체에서 제공하는 기본 용량이 적어 추가 용량은 비용이 발생합니다. 대표적으로 많이 사용하는 서비스 업체가 구글 포토, 네이버 마이박스, 클라우드 베리 등이 있습니다. 그 외의 업체들은 무료제공 용량이 너무 적어서 제외 했습니다.

1 _ 구글 포토

구글에서 2016년부터 제공하던 사진과 동영상 관리 및 저장 서비스입니다. 지금까지 구글은 고화질(1,600만 화소, 1080이하)은 무제한 무료로 저장 가능했고, 원본은 구글에서 제공하는 무료 용량안에서 가능했습니다. 이 정책이 2021년 6월 1일 부터는 변경될 예정입니다. 무료로 제공하는 15GB이상 되는 저장은 유료로 구입해야 사용가능합니다. 어디서든지 쉽고 빠르게 백업 및 사용이 가능하게 만들어 놓고 이제와 정책이 바뀌니 아쉽긴 합니다. 저장된 데이터는 2년간 접속하지 않을 경우 구글이 임의대로 삭제 가능하다고 발표했습니다.

기본 무료 제공 용량	15GB
매달 100 GB	2,500원
매달 200 GB	3,500원
연간 100 GB	24,500원
연간 200 GB	37,000원
매달 2 TB	12,500원
연간 2 TB	125,000원
매달 10 TB	59,000원
매달 20 TB	119,000원
매달 30 TB	179,000원

구글 계정을 개설하고(스마트폰 사용자는 기본적으로 구글 계정 생성) 앱스토어나 플레이스토어에서 구글 포토를 다운 받아서 사용할 수 있습니다. 자동으로 올릴 수도 있고, 와이파이 환경이나 데이터 환경에서 업로드를 선택할 수 있습니다. 전체적으로 올라기는 것을 원하지 않으면 컴퓨터에서 마우스로 직접 끌어서 업로드할 수 있습니다.

2 _ 네이버 MYBOX

　　네이버에서 서비스하는 개인용 온라인 클라우드 스토리지 서비스입니다. 네이버 클라우드에서 네이버 N 드라이브로 바꿨다가 최종 네이버 마이박스로 변경했습니다. 기본 무료 저장 용량은 30GB를 제공하고 있습니다. 네이버 계정이 있고 실명 인증을 하면 사용할 수 있습니다. 사진 및 동영상, 모든 문서 등을 저장하고 공유할 수 있습니다. 마이박스의 특징은 연월일 요약, 자동앨범 기능을 이용해 사진을 쉽게 분류, 저장할 수 있습니다. 사용자가 사진을 촬영 장소, 날짜, 테마별로 검색할 수 있습니다.

기본 무료 제공 용량	30GB
100 GB 요금제	월 3,000원 연 30,000원(6천원 할인)
300 GB 요금제	월 5,000원 연 50,000원(1만원 할인)
2 TB 요금제	월 10,000원 연 100,000원(2만원 할인)

3 _ 클라우드 베리

　　클라우드 베리는 SKT에서 SKT 이용자를 위해 만든 클라우드 스토리지 서비스입니다. 단, 무료로 제공되는 저장 용량에 차이를 두고 통신사 상관없이 사용할 수 있습니다. 타 통신사 이용자는 회원 가입을 하면 기본 2GB 무료 용량을 제공합니다. SKT 사용자는 회원 가입시 무료 용량 2GB 제공을 하고 휴대폰 인증을 하면 20GB를 추가 제공합니다(2019.11.26. 이전 클라우드베리 가입자는 32GB). SKT 이용자의 경우 사용하는 요금제에 따라 최대 128GB까지 무료로 사용할 수 있습니다.

클라우드 베리의 특징 중 하나는 SKT 사용자에 한 해서 '숨김 폴더'를 제공합니다. 구글 포토나 네이버 마이박스와는 달리 PC에서는 더 이상 지원되지 않습니다.

휴대전화 번호 인증	2019.11.26.이전 가입고객	32GB (숨김 폴더 4GB 별도)
	2019.11.26.이후 가입고객	20GB (숨김 폴더 용량 없음)
	타 통신사 이용 가입자	2GB (숨김 폴더 용량 없음)
요금제에 따른 구분	DATA 인피니티	128GB 추가 제공(숨김 폴더 16GB 별도)
	T시그니처 클래식	64GB 추가 제공 (숨김 폴더 8GB 별도)
	T시그니처 마스터	128GB 추가 제공 (숨김 폴더 16GB 별도)
	T ALL 케어	32GB 추가 제공 (숨김 폴더 4GB 별도)

4 _ 스마트폰 속 내 사진으로 돈 벌기

　어느 날 사진 정리를 하려고 스마트폰 갤러리를 열어보니 수천 장의 사진이 들어 있습니다. 귀여운 강아지와 고양이부터, 꽃 사진, 음식 사진, 풍경 사진, 셀카까지 넘쳐납니다. 한 번씩 많은 사진을 삭제해서 정리하지만 촬영했던 순간들이 기억나 삭제하기도 쉽지 않습니다. 재미로 취미로 촬영했던 이런 사진들을 간단한 등록 절차로 전 세계에 팔아보는 건 어떨까요? 어렵지도 않고 그리 높은 수준의 사진을 요구하는 것도 아닙니다.

전 세계 어디에서 내 사진을 원하는 사람이 있을지는 아무도 모릅니다. 오늘날 그렇게 많은 사람들이 '스톡사진' 판매자들로 살아가고 있습니다. 무엇을 촬영하고 무엇을 올려야 할지 모르겠다고 걱정할 필요 없습니다. 각 스톡이미지 판매 사이트마다 가장 많이 찾는 이미지 통계를 제공하고 있습니다. 전 주, 전 월에 가장 많이 팔린 이미지를 보여줍니다. '이런 게 팔릴까?' 싶은 이미지들이 많이 팔리는 것을 보면 신기할 따름입니다. 그래서 우리들도 가능성이 충분합니다.

'스톡사진', '스톡이미지'는 원래 고객의 요구에 맞춰 촬영했던 이미지를 판매하거나 대여하는 것을 말합니다. 그러나 현재는 고객을 기다리지 않고 내가 먼저 스톡이미지를 만들어서 고객들이 찾게 만드는 것입니다. 대표적인 스톡이미지는 사진과 영상, 일러스트이미지입니다. 판매 수익은 영상과 일러스트이미지가 크지만 사진이미지도 몇 백원부터 몇 천원까지 다양합니다. 대표적인 해외 사이트 두 곳과 국내 사이트 두 곳을 알아보겠습니다.

셔터스톡

셔터스톡은 뉴욕에 본사를 두고 있는 빅스톡 또한 셔터스톡의 이미지 사이트입니다. 영어로 되어 있어 어렵다고 느끼실 수도 있지만 한글 지원이 됩니다. 회원가입부터 이미지 등록까지 따라 하다보면 쉽습니다. 단 이미지 등록하는 마지막 과정에서 이미지를 영어로 설명하는 부분이 있는데 이 부분도 그렇게 어렵지 않습니다. 단어로만 나열해도 검색이 됩니다. '셔터스톡'을 검색해서 들어가면 다음의 첫 화면이 나옵니다. 제일 아래로 화면을 내리면 기고자용 '콘텐츠 판매'가 나옵니다.

회원가입을 하고 안내에 따라 진행을 합니다. 단, 해외 사이트다 보니 전체 이름과 표시 이름 등은 영어로 하셔야 합니다. 전체 이름을 성까지 표기하지 않으면 등록이 되지 않습니다.

기입한 이메일로 온 메일을 확인해서 계정을 활성화합니다. 확인 후 나오는 양식을 영어로 빈 칸을 채웁니다. 주소는 검색을 해서 정확한 영문명을 적어 주시는 것이 좋습니다.

이제 드디어 이미지를 올려 보겠습니다. 이미지 업로드를 누르면 이미지를 올리는데 주의사항들이 나옵니다. 이미지 사이즈, 파일 형식, 주의 사항들이 나오니 살펴보세요.

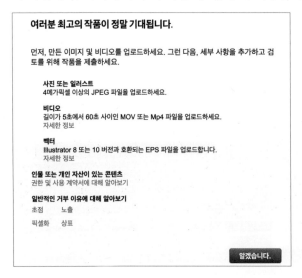

파일은 업로드 창에 끌어다 놓거나 파일을 찾아서 올리면 됩니다. 파일을 올리면 검색이나 판매가 잘 되기 위해서 세부사항들을 작성하게 합니다. 영어로 해야 하는 부분이지만 관련 검색어를 제공하

고 있어서 쉽고, 이미지 설명은 번역기를
사용해도 좋습니다.

모든 사항이 끝나면 이미지가 업로드 되고, 영업일 기준 3일 정도면 셔터스톡에서 연락이 옵니다. 판매가 적합하다고 결정되면 본격적으로 판매가 시작되는 것입니다. 어떤 사진들이 많이 팔리고 돈을 벌었는지 보려면 '콘텐츠 업로드'에서 우측의 최신 다운로드/요청이 많은 항목을 눌러보면 됩니다.

마지막으로 이미지가 판매된 비용은 내 계좌로 직접 받을 수 있습니다(단, 해외 지급사이트를 이용해야 하므로 잠깐의 불편함이 있습니다). 콘텐츠업로드 항목에서 우측 파란글씨 '지급세부정보'를 눌러 나오는 화면 계정 설정을 채웁니다.

지급정보란의 '지급 방법'에는 Payoneer, PayPal, Skrill 세 가지 방법이 있습니다. 등록은 한글지원이 되므로 안내에 따라 계정을 만드시면 됩니다. 계정 설정이 완성되면 계좌 개설과 앞으로 내 계좌로 직접 지급한다는 안내 메일이 옵니다.

어도비스톡

어도비 스톡 이미지 사이트 또한 미국 캘리포니아에 본사를 둔 회사입니다. 가입 방식은 셔터 스톡과 거의 비슷합니다. '어도비스톡'을 검색해서 들어가 회원가입을 해줍니다. 포토샵등을 사용하고 있어서 이미 어도비 아이디가 있다면 연결만 시켜줘도 됩니다.

다른 것은 셔터 스톡과 비슷한데 '가장 많이 판매된 작품'은 구분이 잘 되어 있습니다. 사진에서 보시듯이 그리 대단하지 않은 일상의 이미지가 10만, 25만장 이상 판매된 것을 보실 수 있습니다. 전 세계에서 정말 다양한 이미지를 소비하고 있습니다.

유토이미지와 크라우드픽

유토이미지와 크라우드픽은 국내 기업입니다. 가입이나 진행하는데 있어서 별다른 어려움은 없습니다. 국내 기업들이 해외 스톡이미지 판매 사이트보다 후발 주자라서 단가가 조금 좋습니다.

⌐Epilogue

좋은 사진이란 무엇인가?

어떤 사진이 좋은 사진일까?

어느 날 블로그에 올린 사진을 본 친한 선배가 갑자기 질문을 던졌습니다. '남들도 좋다고 느낄 수 있는 사진을 볼 수 있는 눈을 먼저 길러야겠는데, 어떤 사진이 좋은 사진이고 과연 좋은 사진을 찍는 방법은 무엇일까?' 이 질문을 받고서 저는 한참을 고민하게 되었습니다. 돌아보니 지금껏 저는 이 문제에 대해 한 번도 진지하게 고민해 본 적이 없다는 것을 깨달았습니다. 과연 좋은 사진이 무엇인지 진지하게 고민을 했었는지, 아니면 잘 찍은 사진이 무엇인지에만 매달려 있었는지 많은 생각이 들었습니다.

과연 좋은 사진이란 무엇일까요? '좋은'이라는 의미는 무엇을 말하는 것일까요? 사진을 보는 사람들은 어떤 사진을 '좋은 사진'이라고 평가할까요? 1/3의 법칙이나 사진구도, 사진 디자인이 이론적으로 잘 들어맞은 사진을 좋은 사진이라 할까요? 아니면 시각적으로 뭔가 다른 충격을 주는 사진을 좋은 사진이라 할까요? 아니면 마치 회화 같은 사진을 좋은 사진이라 할까요?

인천 동구 구도심 골목

한 장의 멋진 사진을 접했을 때 우리는 '사진 정말 잘 찍었다'고 말합니다. 이때 잘 찍었다는 의미는 우선 기술적인 면에서 사진을 평가하는 것입니다. 기술적인 면에서 잘 찍은 사진은 빛과 사진 디자인을 조화롭게 이용한 사진입니다. 빛과 사진 디자인 요소들은 사진을 보는 사람들의 시선을 이끌고 관심을 이끌어 내기 위한 것들입니다.

빛이 자연광인지 인공광인지, 어떤 상황에서 어떤 성질의 빛인지 알아야 합니다. 조명을 이용해서 주제를 어떻게 강화하고 표현할 것인지 선택해야 합니다. 사진 디자인으로 통합할 수 있는 1/3 법칙, 황금분할, 구도, 선, 형태, 질감, 프레임 등은 사진을 시각적으로 흥미롭게 만들고 시선을 사로잡습니다. 주제와 부제를 어떻게 배치할 것인지, 주제와 부제 간의 대칭과 대비는 어떻게 할 것인지에 대해 결정합니다. 움직임은 어떻게 표현할 것인지, 공간은 어떻게 분할할 것인지 고민해야 합니다. 프레임을 선택하고 사진가가 보여주고자 하는 화면을 제시해야 합니다.

이렇게 모든 사진 요소들을 조화롭게 사용한 '잘 찍은 사진'이 좋은 사진이 될 확률이 높습니다. 사진 촬영의 요소들이 기술적으로 일정한 요건을 충족하는 사진입니다. 스마트폰(DSLR, 미러리스 동일)은 초점과 노출을 자동으로 잡아주기 때문에 사진가는 구도와 나머지 사진 요소들에 집중하면 됩니다. 이제는 사진을 잘 찍는 것은 더욱 쉬워졌습니다. 바로 확인할 수 있는 디지털의 장점으로 잘 찍은 사진은 주변에 차고 넘치는 상황입니다.

지금 이 순간도 수없이 많은 사진가들과 사진가를 꿈꾸는 생활 사진가들이 촬영을 합니다. 내 전에 사람이 찍었고, 지금의 내가 찍고 또 다음의 누군가가 찍을 그 장소에서 말입니다. 생활 사진가들이 전문가(여기서는 직업적인)를 능가하는 장비들을 가지고 있습니다. 동일한 장소에서 동일한 장면을 촬영하면 나도 좋은 사진을 찍을 것 같은 생각이 듭니다. 잘 찍은 사진을 봤을 때 묻는 말이, '여기 어디예요?'와 '장비가 뭐예요? 조리개와 셔터 속도는 어떻게 하셨어요?' 하는 이유입니다

인천 동구 구도심과 아파트 대비

이 시점에서 우리는 이런 의문이 들기 시작합니다. '과연 잘 찍은 사진이 좋은 사진일까?'. 많은 사람들이 공감을 표시하고 좋다고 평가한 사진이 정말 좋은 사진일까요? 보편성과 대중성은 사진에 대한 가치를 부여합니다. 잘 찍고 공감을 많이 받은 사진이 좋은 사진이 될 개연성이 높은 것은 사실입니다. 하지만 창조적인 행위를 하는 사진가에게 보편성은 현실에 안주하려는 매너리즘을 야기합니다. 각자의 취향과 가치관이 다른 상황에서 보편적이고 전체적으로 공감을 얻는 사진을 불가능합니다. 이런 상황에서도 우리는 보편성과 공감을 이끌어 내기 위한 사진에 몰두합니다.

그렇다면 기술적인 면을 제외했을 때 '좋은 사진'이란 무엇일까요? 좋은 사진을 만들기 위한 조건은 어떤 것들이 있을까요?

첫 번째, 좋은 사진을 만들기 위한 조건은 촬영을 할 때 사진가가 의도하는 것이 무엇인지 정확히 알아야 합니다. 사진가의 의도와 목적이 보는 사람들에게 잘 전달되도록 이미지를 만들어야 합니다. 정확한 목적을 가지고 신중하게 주제를 선택해야 합니다. 아무런 생각 없이 우연성에 의존하지 말고 깊은 고민을 해야 합니다. 프레임 안의 모든 요소들을 의식적으로 평가하고 어딘가 어색한 부분은 어떻게 변경할 것인지 고민해야 합니다. 빛과 사진 디자인을 체화시켜 무의식적으로 더 나은 방향으로 선택을 해야 합니다. 마음의 눈으로 촬영 전 사진을 완성시켜야 합니다.

인천 동구 골목길에 내리는 햇살(좌측)/세종호수공원(우측)

두 번째, 좋은 사진을 위한 조건은 보는 사람들의 시선을 이끄는 '힘'이 있어야 합니다. 힘은 기술적인 면에서 많이 좌우하지만 이 힘은 사진가의 관심을 나타내는 것입니다. 힘의 표현 방식은 독창적일 수도 있고 상징적일 수도 있습니다. 주제를 신중하게 선택하고 의도적으로 피사체를 배치해야 합니다. 주제가 사진의 전체적인 분위기를 지배해야 합니다. 부제는 주제를 부각하는 도구로 사용되어야 합니다.

파라솔(좌측)/인천 미추홀구 구도심 골목길(우측)

세 번째, 좋은 사진을 위한 조건은 사진에 이야기가 들어 있어야 합니다. 사진을 보는 사람들로 하여금 여러 가지 의미를 느낄 수 있는 사진을 만들어야 합니다. 내가 보고 싶고 보여주고 싶은 것을 촬영하지만 보는 사람들로 하여금 다양한 해석을 하게 만들어야 합니다. 사진을 보는 사람들이 사진이 주는 뜻을 파악하고 공감해야 합니다. 사진 뒤에 있는 무언가를 상상할 수 있는 이야기를 담아야 합니다. 피사체는 의도적으로 선택되어야 합니다. 사진 기술적으로도 가치가 있어야 하지만 개인적인 신념도 포함되어야 합니다.

어느 여름날 : 인천 미추홀구 구도심 골목길   오랜 친구들 : 인천 동구 구도심 골목길

마지막으로 좋은 사진을 위한 조건은 독창성과 창의성입니다. 사진가는 표현하려는 주제를 나타낼 수 있는 수없이 많은 방법을 찾아내고 시도해야 합니다. 미적으로 뛰어나고 의미가 있는 사진으로 사진가가 말하려는 것을 전달해야 합니다. 보편성과 대중성도 무시할 수는 없지만 그것들에 이끌리지 않아야 합니다. 사진가 자신의 창의성과 주제를 해석하는 당위성이 있어야 합니다. 세세한 부분들까지 예리하게 분석하고 조화를 이끌어내야 합니다. 사진 속에 흥미로운, 흔하지만 익숙하지 않은 것들이 있어야 합니다.

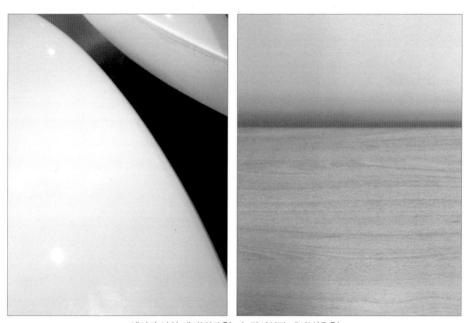

헤이리 야외 테이블(좌측) / 간이식당 테이블(우측)

인천 송도역 식당 창문

좋은 사진을 만드는 좋은 사진가는 관계를 잘 이끌어가는 사람입니다. 피사체와 상호 교감해서 올바른 느낌을 이끌어 내야 합니다. 피사체의 본질을 찾아서 표현해야 합니다. 주제가 사진가의 의도를 확실하게 나타내야 합니다. 쉽게 간과할 수 있는 요소들을 살피고 포착해야 합니다. 이런 이유로 사진가는 열정과 인내심, 유연함이 필요합니다. 끊임없이 고민해야 합니다. 다른 많은 사진가들의 사진을 보고 배우고 표현을 익혀야 합니다.

끝으로 유명 사진작가들의 '좋은 사진'에 대한 정의를 간추려 보았습니다.

❶ 로버트 카파 : 사진이 충분하지 않다면 충분히 가깝지 않은 것입니다. (If your pictures aren't good enough, you're not close enough.)

❷ 앙리 까르띠에 브레송 : 처음 10,000장의 사진은 최악입니다. (Your first 10,000 photographs are your worst.)

❸ 세바스티앙 살가도 : 사진은 사진작가가 만드는 것이 아닙니다. 사진은 사진을 찍는 사람들과의 관계에 따라 더 좋거나 덜 좋습니다. (The picture is not made by the photographer, the picture is more good or less good in function of the relationship that you have with the people you photograph.)

❹ 브라 사이 : 저에게 사진은 주장하거나 설명하는 것이 아니라 제안해야 합니다. (To me, photography must suggest, not insist or explain.)

❺ 돈 맥컬린 : 저를 위한 사진은 보는 것이 아니라 느낌입니다. 당신이 보고 있는 것을 느낄 수 없다면, 다른 사람들이 당신의 사진을 볼 때 아무것도 느끼지 않을 것입니다. (Photography for me is not looking, it's a feeling. If you can't feel what you're looking at, then you're never going to get others to feel anything when they look at your pictures.)

❻ 신디 셔먼 : 요즘에는 디지털 인쇄로 모든 것을 완벽하게 만드는 것이 쉽지만, 항상 좋은 생각은 아닙니다. 때로는 실수가 실제로 작품을 만드는 것입니다. (Nowadays, with digital printing, it's easy to make everything perfect, which is not always a good idea. Sometimes the mistakes are really what make a piece.)

❼ 안셀 아담스 : 모든 사진에는 항상 두 사람, 즉 사진가와 보는 사람이 있습니다. (There are always two people in every picture : the photographer and the viewer.)

❽ 애니 라이프 보 비츠 : 내 사진에서 보는 것은 내가 이 사람들과 사랑에 빠지는 것을 두려워하지 않았다는 것입니다. (A thing that you see in my pictures is that I was not afraid to fall in love with these people.)

❾ 엘렌 폰 언 워스 : 저는 사람들이 자신의 가장 좋은 각도를 알기 전에 사진을 찍는 것을 좋아합니다. (I like to photograph anyone before they know what their best angles are.)

❿ 리처드 아베돈 : 모든 사진은 정확합니다. 그들 중 누구도 진실이 아닙니다. (All photographs are accurate. None of them is.)

⓫ 어빙 펜 : 좋은 사진은 사실을 전달하고, 마음을 감동시키며, 보는 사람이 그것을 보고 변화되도록 하는 사진입니다. 한 마디로 효과적입니다. (A good photograph is one that communicates a fact, touches the heart and leaves the viewer a changed person for having seen it. It is, in a word, effective.)

⓬ 알프레드 아이젠 스타트 : 셔터를 클릭하는 것보다 사람들과 함께 클릭하는 것이 더 중요합니다. (It is more important to click with people than to click the shutter.)

⓭ 샐리 만 : 사진은 과거로의 문을 열어 주지만 미래를 볼 수도 있습니다. (Photographs open doors into the past, but they also allow a look in to the future.)

⓮ 짐 리처드슨 : 더 나은 사진작가가 되고 싶다면 더 흥미로운 물건 앞에 서십시오. (If you want to be a better photographer, stand in front of most interesting stuff.)

1일 만에 끝내는
유튜브 왕초보 탈출과
스마트폰 영상 촬영+편집
204쪽 | 채수창 저 | 15,000원

한권으로 끝내는
스마트폰 제품사진
제품의 가치를 높이는 고퀄리티 제품촬영
206쪽 | 채수창 저 | 16,500원

한 권으로 끝내는
영상 기획/촬영/편집/제작
with 프리미어 프로 [2판]
560쪽 | 신재호 저 | 23,000원

오픈마켓 쇼핑몰 G마켓/옥션 쿠팡 네이버 스마트스토어
상세페이지 제작 [개정 5판]
370쪽 | 김대용, 김덕주 공저 | 20,000원

모두가 할 수 있는
인공지능으로 그림 그리기
212쪽 | 장문철, 수현민 공저 | 14,400원

챗GPT & AI를 활용한
인공지능 그림 그리기 실전
204쪽 | 장문철, 주현민 공저 | 15,500원

챗GPT & AI 31가지 실전 활용
216쪽 | 권지선, 박지해, 서산화, 한지아 공저 | 17,700원

챗GPT 실전 활용 보고서
208쪽 | 장문철, 박준원 공저 | 15,500원